ちくま新書

35歳までに読むキャリア《しごとえらび》の

職の絶対原則を知る

869

渡邉正裕
Watanabe Masahiro

まえがき

†「動機・能力モデル」で満足度の高いキャリアを

つい十数年前まで、つまり90年代の後半までは、キャリア（仕事人生）の成功とは、すなわち「大企業に入ること」とされていた。ところが、１９９７年に山一證券や北海道拓殖銀行が倒産したあたりから、そうでもなくなってきた。

たとえばケース①で取り上げるAさんは、95年の就活でＪＡＬにエントリーしていたが、もし入社して規制業種の「ぬるま湯」に浸かったまま30代後半を迎えたところで今回の倒産（２０１０年1月）にぶち当たったら、仕事人生をやり直せなかっただろう。そうでなくとも、実際にAさんが働いた勤務先は行く先々で業績が悪化し、合併や消滅を迎えている。そういう不安定な時代になったのだ。

２０００年のＩＴバブル崩壊にともなう２００２年前後の大手電機メーカーの一斉リストラ（人員削減）で終身雇用の崩壊は顕著になり、その後は一気に「転職が当り前」「3年で3割が辞める」時代に突入した。２００９年には三越のような大企業も約１５００人ものリストラを余儀なくされ、対象も35歳以上に下げられた。ＪＡＬのリストラも35歳以上だ。30代ならまだ先は長く、50代と違って逃げ切れない。40代以降の「次のキャリア」への準備を35歳までに完了させておくことは、ビジネスパーソンにとっての必須事項になった。

会社分割制度（２００１年）など、企業の合併・買収の法制度も整い、日本ＩＢＭから中国企業（レノボ）にパソコン事業ごと約６００人の社員が売却されたり、２０１０年には三洋電機のような一昔前の優良企業で、半導体部門の社員約８０００人ごと米国企業に売却されるなど、社員がいつ外資に〝人身売買〟されてもおかしくない時代である。ケース④のＣさんは就活で内定した会社が、入社する前に合併が決まり、入社１年目に新卒の同期がリストラされるのを目の当たりにしたし、ケース⑥のＥさんは自分が在籍する事業ごと売却され、カルチャーギャップに苦しんだ末に退職せざるを得なくなっている。

公務員も安泰ではない。ギリシャ危機では公務員の給与3割カットや年金凍結が打ち出され、激しいデモで死人も出た。日本の財政状況を考えると、同じ事態に陥る可能性は十分にありうる。なにしろ、日本の首相が自らギリシャを例にあげ、危機感を公言しているのだ。

大企業神話は今なお残るが、時代は明らかに新しい成功のセオリーを求めている。だが、そのセオリーは、どこでも語られていない。まだ新しい時代に入って10年余りしか経っておらず、事実の蓄積も検証も不十分だからだろう。

本書は、戦後日本の一般的なキャリアモデルが崩壊しつつある今、その渦中で、先達のロールモデルもないまま迷うことを余儀なくされている20代、30代のビジネスパーソンに対して、より満足度の高い充実した仕事人生を送るための指針や座標軸を与える目的で書いた。

ベースとなっているのは、私自身が過去6年の間に行ってきた、平均3時間×300人強にわたる20代、30代のビジネスパーソンへの執拗なインタビュー取材である。従って、具体的な個人のストーリーや個別企業事例をふんだんに盛り込み、読者が自分の側の話としてリアルにイメージしやすいよう、心がけた。

従前、学者が書いたキャリア論は海外の研究結果の紹介に偏り、一方で、著名人が自身の成功ストーリーを開陳するキャリア論は、汎用性がなかった。本書はいずれでもなく、特に10年超の社会人キャリアを積んだ一般の30代ビジネスパーソンへのヒアリングとディスカッションというフィールドワークが中心である。

本書にかける私の思いとしては、「ポスト戦後」時代における新しいキャリアモデルが浸透し、多くの若者が無駄に迷うことなく仕事人生を送れるようになってほしい、ということだ。仕事がつまらないのなら、人生はきっと、つまらない。

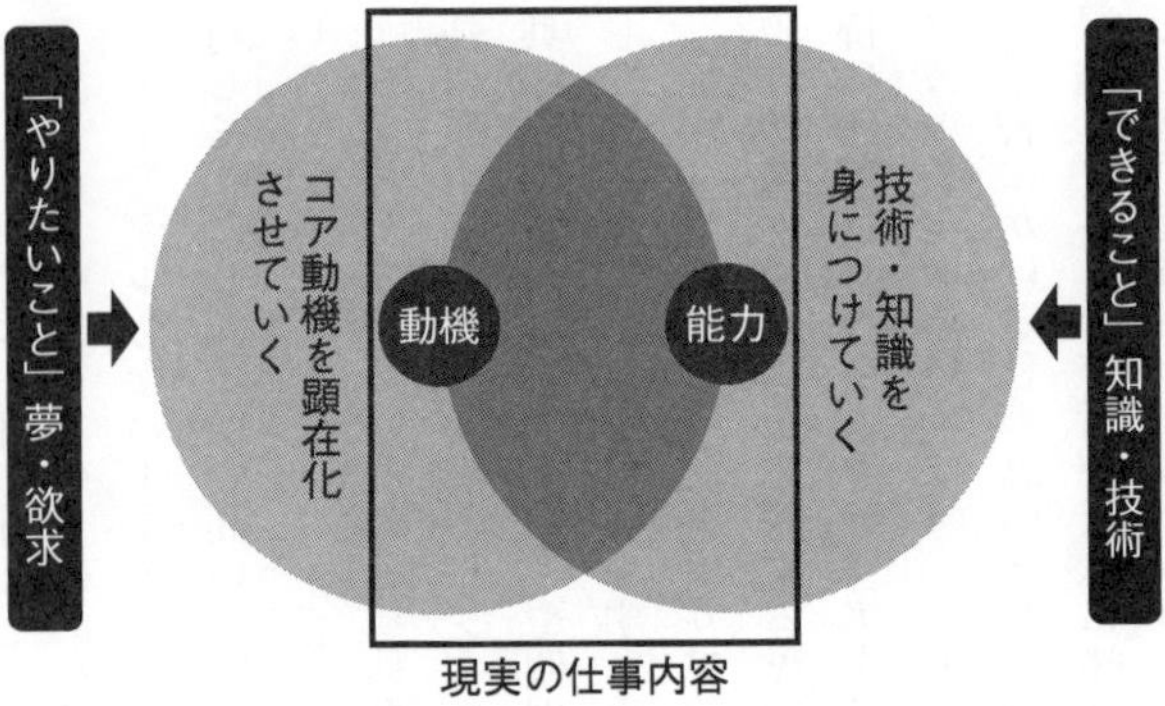

本書のキャリアフレーム

†本書の構成

第1章では、ビジネスパーソンを取り巻く環境の変化を解説した。これは背景説明なので「そんなのわかってるよ」という人は読み飛ばしてよい。第2章では、そうした地殻変動に対して、人生設計全体のタイムスパンのなかでどこにマイルストンを置くべきか、時間軸に基づいて述べた。

第3章以降が、本書の中核をなす「動機・能力モデル」の解説である。動機とは「やりたいこと」だ。その中心となるコア動機は個々人の価値観や欲求と結びついており、人によってまったく異なる。一方の能力とは、「できること」だ。その中心であるコア能力は、生まれ持っての才能と結びついていなければ成功できない。この、各自に眠る「動機」と「能力」を発見し、それぞれを拡大させ、両者が重なる部分で仕事を得ることがハッピーキャリアなのであり、そのためにどう行動すればよいのかを説いたのが、本書である。

第4章では「動機」について、第5章では「能力」について、それぞれ、その発見の方法論を含め、詳細に説明する。第6章では、たとえ動機と能力がわかってきても、その重なり合うエリアを発見し、その業務に異動して現実的に就かなければ、動機も満たされず能力アップも見込めないのだから、そのためにどういうキャリア戦略・戦術が必要なのかを述べる。

第7章は、国として国民の幸せな仕事人生のためにやるべきことは何か、なぜそれが実現しないのか、という政策的な話だ。労働政策が「戦後」のままフリーズしてしまっている弊害はきわめて大きい。

前作『若者はなぜ「会社選び」に失敗するのか』（東洋経済新報社）では、会社選びに直面した際に考えるべき座標軸を14示した。だが、そもそも会社選びの前段階として、仕事人生のなかで何を為したいのか、どういう能力を発揮したいのか、といった根本的な土台や鳥瞰図にあたるものがないならば、個別の会社選びもうまくいくはずがないのだ。本書は、その問題解決を試みたものであり、両書は補完関係にあると考えていただきたい。

35歳までに読むキャリア《しごとえらび》の教科書——就・転職の絶対原則を知る【目次】

第１章

なぜ今、キャリア論なのか

本章では、なぜ今、新しいキャリア理論が必要なのか、を説明する。一言でいえば「高度経済成長期が終ったのに、雇用政策は成長期のままフリーズしているから」である。グローバル化、IT化など「従」の要因がいくつもあるが、「主」要因は、成長期が終り成熟期に入ったこと、そして政治の不作為に尽きる。これでピンときた人は、章ごと読み飛ばしていただいてよい。

†「戦後経済」の終焉

私は、いわゆる「ロスジェネ世代」の走りで、社会人になった90年代の後半は、ちょうど時代の転換期だった。バブルが崩壊して5年余り、「就職氷河期」と呼ばれ始めていた時代だ。ほとんどの企業は、バブル期に採用を急拡大した反動で、新卒採用を絞った。だから私の同期も、バブル期に比べ3分の1ほどしかいない。

当時は、まだまだ「年功序列・終身雇用」が当り前とされ、辞める人は問題児で、脱落者扱いという空気が支配的であった。外資へ行く人はかなりの変わり者で、多くの学生は最初から就職先の対象外にしていた。

90年代の後半まで、少しでも規模の大きな会社に入れば、あとはエスカレーター式に給料が上がり、ポストも権限も与えられ、仕事もそれなりに面白くなって、よくわからない

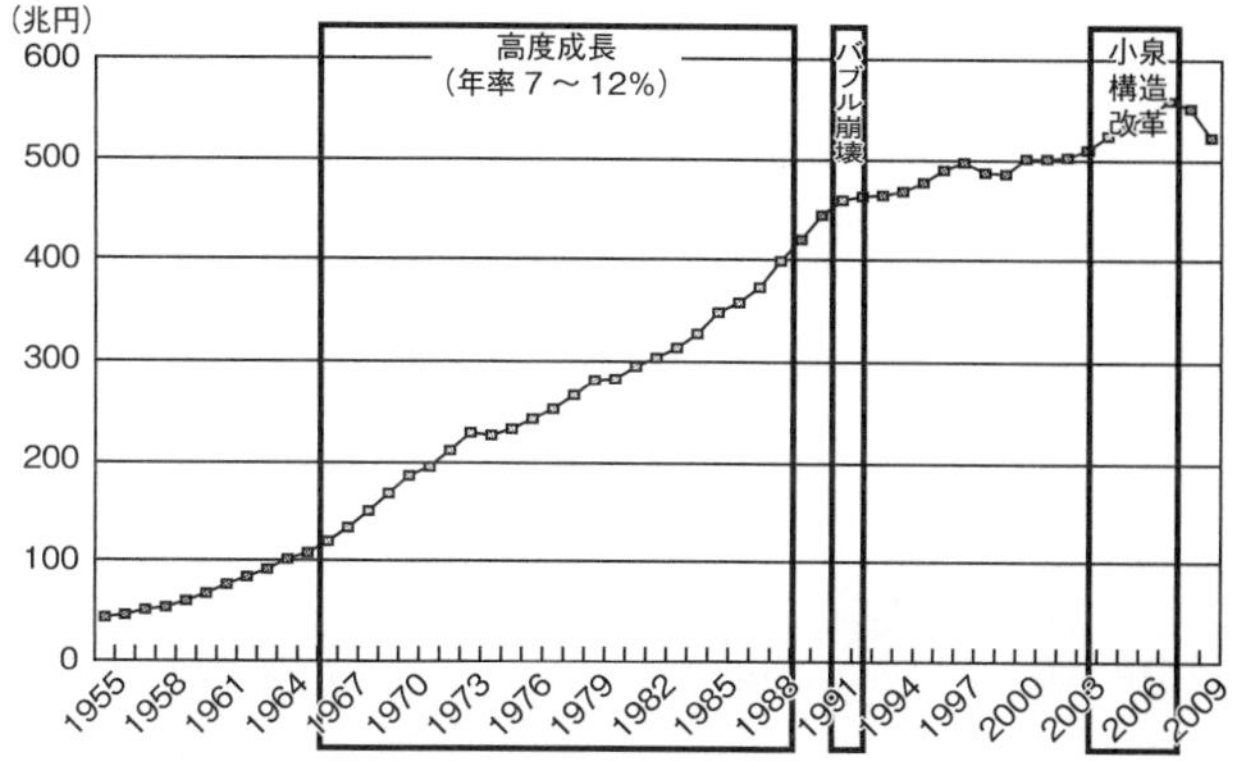

日本のGDP推移（暦年、実質）

けど最後は部長くらいにはなれるのでは……、と思われていた。「年功序列・終身雇用」という過去の延長で物事を考えるならば、確かにそうなのだろう、と想定されていた。

実際、私の叔父は70年代に日本交通公社（現ＪＴＢ）に入社して順調に出世、34年目の現在は子会社の役員をやっている。そのような親世代を見て、何となく自分もそうなれるのでは、などと思っていた人も多いはずだ。

ところが、未来は過去の延長線上にはなかった。その大前提であった経済成長が、完全に止まったからだ。ＪＴＢは２０１０年３月期連結決算で過去最悪となる１４５億円の赤字。今の若手社員が順調に出世して、最後は子会社の役員に、などということはありえない。

日本経済は戦後、経済規模が30年間で10倍になるという、人類史上でも異常といえる急成長を遂げた（前頁の「日本のGDP推移」参照）。今でいう中国のような急拡大だった。

企業が成長し売上が伸びている間は、営業第一部、第二部、第三部……と部署が増え、部長ポストも課長ポストも増えていく。年功序列で歳が上の人からポストにあてはめていくから、70年代に入社した人は、大卒なら全員が部長にはなれ、権限も収入も拡大し、最後は子会社の役員くらいは……というルートが見えていた。

人手不足で、誰でも正社員になるのが当り前だったから、正社員は手厚く保護され、経営側による正社員の解雇は厳しく判例（整理解雇4要件）によって禁じられた。それでも、経済全体のパイが増えていたから、成果のない社員、やる気のない社員でも、組織内のどこかに吸収する余裕があり、誰も困らなかった。「明日は今日よりもよくなる」というハッピーな時代だった。

†人事の停滞

ところがバブル崩壊に加え国内人口もピークを迎え、事態は一変した。企業の売上がかつてのように伸びないなか、組織も人も拡大しない環境下で、社員はキャリアを積んでいかなければならなくなった。

しかも、拡大しないばかりか、縮小することも普通に起きるようになった。バブル崩壊時点で11行あった都銀は3つに集約され、リストラが行われた。たとえば現在の**三菱東京UFJ銀行**は旧5行の合併行だが、三菱銀行出身者が人事を握り、主要ポストを占め、他行の出身者は粛清されていった。

日本企業が再度、かつての戦後経済のような奇跡的な成長軌道にもどることはありえず、従って、「成熟経済仕様」に、あらゆる制度がモデルチェンジしなければならなかった。

具体的には、降格が可能な制度や、どうしようもなく成果を挙げられない社員は割増し退職金付きで辞めてもらい、後輩にポストを譲る制度、などだ。なぜなら、「年功序列・終身雇用」を維持したまま組織の拡大が止まると、ポストに就けない中高年や、若手よりも成果を挙げられない中高年が上層部に大量に滞留するからだ。

給与だけ高止まりし、さらには部課長ポストのウェイティングリストに大量の中高年が載ることで、有望な若手からキャリアを積むチャンスを奪うことになってしまう。

ところが、90年代に経済は新しい局面に入ったにもかかわらず、政治のほうは、経団連を支持母体に持つ自民党と、労働組合を支持母体に持つ社会党による「55年体制」が事実上、今にいたるまで続き、労働組合の最大の既得権である、正社員の解雇規制や降格規制の改革が、一切、進まなかった。そして今でも大企業労組の親玉である「連合」は、民主党政権最大のスポンサーとして改革を阻み続け、民主党にそれを跳ね除けるリーダーは現れていない。

上の椅子（ポスト）が空かない以上、権限を持って仕事を遂行できない。自らの権限でやりたい仕事ができないのなら、キャリア形成は難しい。明らかに上が詰まっていて、望む仕事はできそうにない――そういう場面にぶち当たったとき、自身のキャリアをどう振っていくべきか、自ら考えねばならなくなった。

また、会社が買収されたり、合併で規模が縮小したり、JALのように倒産してしばらくボーナスゼロが続く、といった「器」自体の劇的な変化に遭遇したとき、社員は何を考え、どこに活路を見出すべきか。その準備として、20代に何をしておくべきなのか。

これまでのように会社任せにしていたら、もはや「坂の上の雲」は見えない。否応なく、自分自身で考えねばならない時代に変わったのである。

〝成果主義〟で若手から昇格数を減らす

一方、企業のほうは、この「ポスト戦後」を生き抜くために、2000年代に入って〝成果主義〟の導入を進めた。ただ、国の法律（判例）で降格も解雇もできないという厳しいタガがはめられているため、成果主義といいながら、成果のない中高年の高賃金者に対して降格も解雇もできないという矛盾が生じた。

そのしわ寄せは、まだ給料が安い若手社員と、まだ雇われていない学生に否応なく来る。学生のほうは、採用凍結などで雇われなくなり、明るいはずの未来を奪われた。つまり、賃金ゼロにされた。**若手社員は、昇格しにくくなり、給与が上がらなくなった。**

より具体的に直近の事例で説明すると、日本経済新聞社で2010年4月から導入されたのが、次頁の図の制度変更である。それぞれのランクで報酬の天井が明確になるのが特徴だ。

これまでの「職能給」のもとでは、年齢とともに社員I↓主査↓主事補↓主事……と昇格し、昇格しなくても年齢が上がる分だけ昇給していた。従って、「社員I」と、3つ上のランクの「主事」の給与レンジが、一部重なっている。社員Iのままステイでも、年齢とともに自動的に昇給があり、給与は上がったのである。

ところが、今後の「役割給」のもとでは、それぞれの役割ごとに給与の上限が決められる。「スタッフ2」と「スタッフ1」では給与レンジが重ならないから、給与を上げるには昇格するほかない。そして、その昇格時の基準を厳しくして、昇格者を絞るのである。年齢がいくら上がっても、自動昇格はない。これで、若い世代から順番に、給与を減らしていけるわけだ。

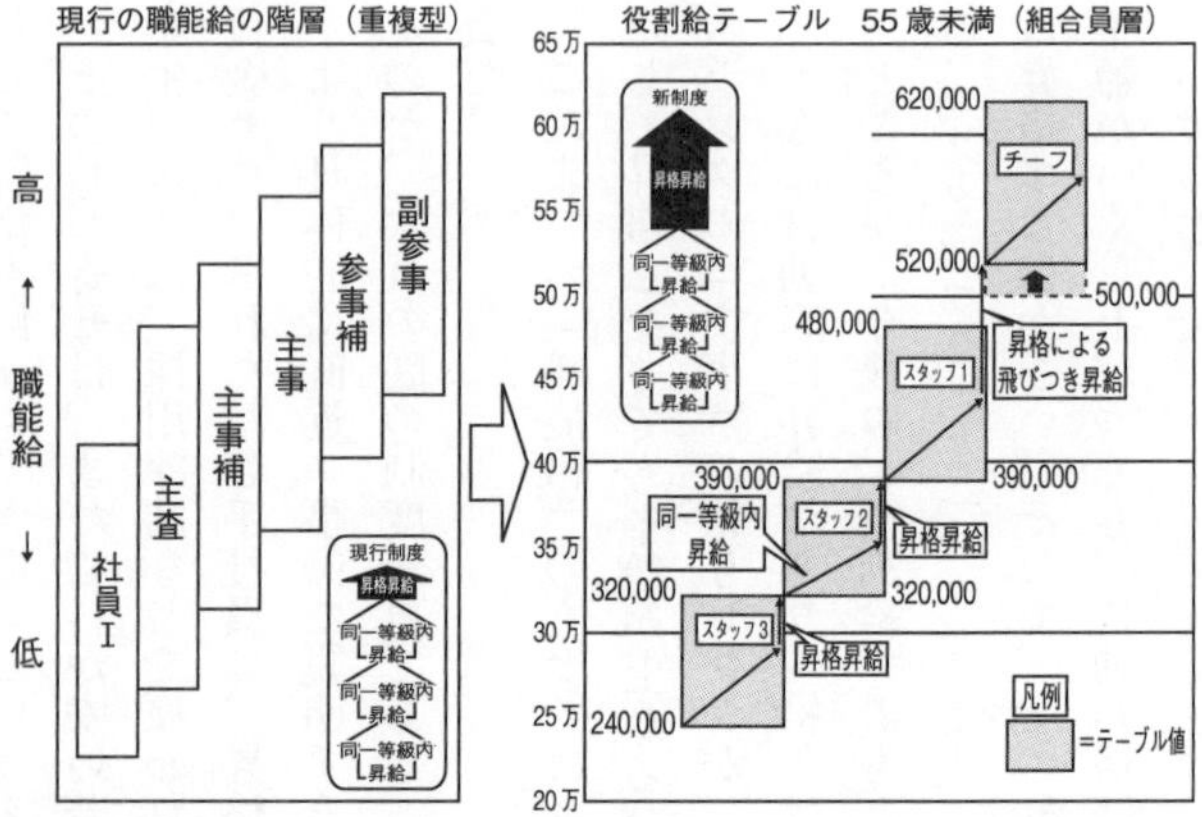

日本経済新聞社で2010年4月から導入された成果主義の人事制度

労組資料より抜粋

新聞社は規制産業なので遅ればせながら今頃やっているが、一般産業界では過去10年の間に導入済みの企業が多い。**ソニー**が2004年4月に導入した「グレード制」も、**キヤノン**で2005年から導入された「役割給」も、同じ発想に基づいている。**ソフトバンクモバイル**（孫正義氏）や**日産自動車**（カルロス・ゴーン氏）など、改革派の経営者が就任した会社では、例外なく役割給に制度変更された。

この成果主義の制度下では、いったんその会社内で失敗したり運悪く人事に嫌われたりしてダメの烙印を押されると、明確な天井が設定されているために、歳を重ねても昇格できない。こうして昇格者を絞ることによって、企業は総人件費を抑えるようになった。

もちろん、一部の出世組は従来どおり昇給していくが、残りの大多数は「出世打ち止め組」に入り、30代以降で明確に階層分化が進んでいく。

たとえば**本田技研工業**では、2002年に定昇を廃止し、組合員にも成果主義を導入した。目的は、年功序列の是正だ。管理職でもない責任が軽い立場でも、年齢さえ上がれば給料が上がる仕組みだったため、「課長よりも給料が高い部下」などの逆転現象が起きていたという。

次頁の図が導入から6年を経た2008年の組合員の賃金分布図である（管理職は年俸制で、このグラフには含まれない）。既に昇給済みの50代（丸で囲った部分）はまだ是正され

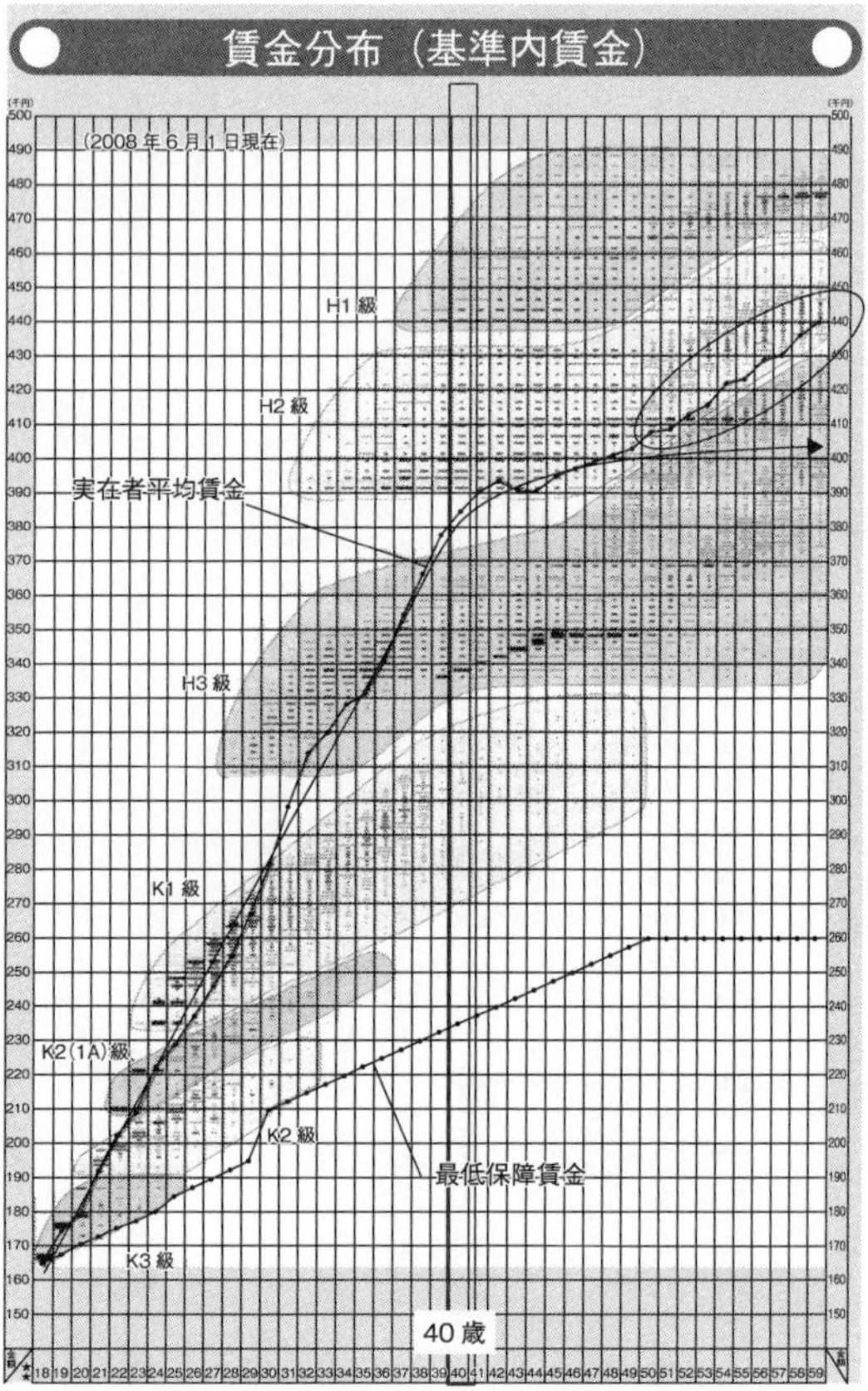

本田技研工業の成果主義導入と賃金推移

本田技研工業の労組資料より。丸と矢印は筆者追記

ていないが、制度変更以後に40歳を迎えた人たちは、ほぼ横ばいに近づきつつあり、今後は矢印のとおりに是正されていくとみられる。40歳以降に給料を上げたければ管理職に昇格するしかない、という天井が設けられたわけである。

†グローバル化、IT化で給料は下がり続ける

日本企業全体の流れとしても、人件費が上がる可能性は低い。国税庁の民間給与実態統計調査（次頁のグラフ参照）によれば、サラリーマンの平均年収は、1997年の467万円をピークに下がり続け、2008年は430万円だった。

これは、グローバル化、IT化によって世界の均質化が進むなか、既に世界最高水準に高騰している日本の労働者の人件費は、重力のように世界の市場価値水準へと収斂されていくことが必然だからだ。

たとえばNECや日本IBMでは、クライアント企業への情報システム導入のプロジェクトにおいて、プログラミングなどの下請け業務を中国やインドの企業に発注することが当り前になった（これは「オフショアリング」と呼ばれる）。コストが安いからである。

IT化が進み、納品もインターネット環境さえあれば瞬時にできるようになった。これまで日本国内の中小IT企業が請け負っていた仕事は、人件費の安いインド人や中国人の

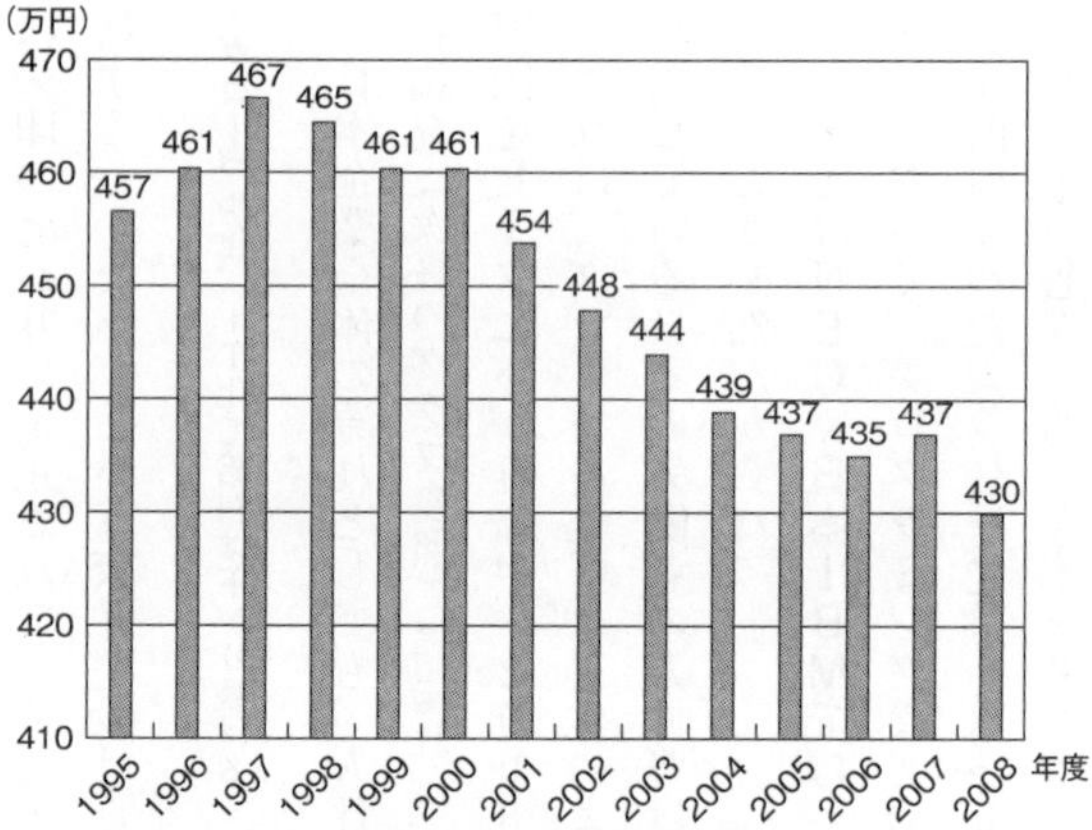

給与所得者（民間企業）の平均年収推移

国税庁「民間給与実態統計調査」より

仕事に置き換わりつつある。これまでどおりに仕事を受注しようと思ったら、中国人並みに日本人社員の給与を下げるしかない。

同様に、**日本HP**や**SAPジャパン**がコールセンターを中国の大連に構え、中国人が日本語で日本人向けのカスタマーサポートにあたるなど、これまで日本人が行っていた業務が中国人に置き換わりつつある。そうなると日本人は失業するか、給与を下げるしかない。

パナソニックが発表した２０１１年度の採用計画によると、１３９０人中１１００人を海外で採用し、国内は２９０人に減らすとしている（２００９年度、２０１０年度は５００人ずつ国内で採用した）。人件費が高い日本人よりも、海外新興国で現地の人を採用するほうが優秀な人材を低コストで採用でき、合理的だからだ。日本人は給与減どころか、雇用すら減らされていく。

もちろん理論上は、日本人が、より付加価値の高い製品やサービスを次々と生み出し、利益率の高い製品がどんどん世界中で売れるとなれば、高い人件費も維持できる。

たとえば生産はコストの安い新興国に移管し、自らはコア技術による企画・設計に特化した会社（たとえば米アップル）へとビジネスモデルを変えられれば、高い給与も維持できる。コモディティー（汎用品）の「カローラ」ではなく、付加価値の高い「フェラーリ」をどんどん生み出せるような産業構造の転換が進むのならば、可能だ。

だが、1億人超の人口を抱え、かつ政治の不作為によって規制ガチガチの日本ではイノベーションが起きる環境はなく、実際に産業構造改革は進んでいない。給与は、やはり下がっていくと考えるのが普通だ。

『NHKスペシャル』（2009年5月6日放送）が行った35歳1万人のアンケートでは、正社員のうち69％が「収入はもう伸びない」と答えた。『7割は課長にさえなれません』（PHP新書）という象徴的なタイトルの本を人事コンサルタントの城繁幸氏が書いているが、**今の若手は、親世代と同じように会社任せのキャリアを積むだけなら、大半は給料も上がらないし、課長にさえなれないのである。**

この「出世しない組」は、戦後はじめて「子供の教育費や住宅費が重い50歳前後の時期に収入が増えていない世代」になる。この〝カツカツ世代〟の出現は、あと10年もすれば社会に顕在化する現象であるが、子供や家庭への影響が大きく、社会問題としても深刻である。しかも日本政府には、もはやそれをサポートする財源は、どこにもない。

以上、まとめよう。

①右肩上がりの経済成長が止まり、人事が滞留
②〝成果主義〟で20代30代から昇格が絞られる
③IT化・グローバル化で「世界基準」に給与も雇用も収斂

こうした「ポスト戦後」のビジネスパーソンを取り巻く環境変化に眼をそむけ、高度成長期を生きた親世代が語る幻想に惑わされていたら、不幸な仕事人生が待っているだけだ。正しく適応できないと、どうなってしまうのか。会社に言われるがまま、様々な仕事をローテでこなしていたら、30代半ばで出世の天井にぶち当たり、気づいた時には、転職したくてもできない人材になってしまっている。身動きとれぬまま40代以降の絶望が見え、残り20年間もの〝消化試合〟に耐えるだけの人生にはまって鬱状態に。運悪く会社が倒産して失業、やっとの思いで再就職先を見つけたら、給料半減。子供はまだ小さい、どうし

よう……。

本書は、読者がそうならないための本だ。

以下で登場する地銀からキャリアをスタートさせたAさんは、地銀→短資会社→コンサル→ホテル→公務員、というキャリアステップを踏んでいるが、地銀と短資会社はともに合併会社となってリストラが進み、コンサル会社は消滅、ホテルも業績悪化で人員カット。もはや、会社という器の安定は見込めない時代であることがよくわかる。

そのなかで、どうキャリアを築いていくべきか。動機・能力モデルに基づき、見ていこう（モデルの詳細説明は第3章以降で行う）。

ケース① 地銀のAさん（私大／理系／男性）
――「会社を移るたびに業績が悪化して……」

†Uターン就職

90年代の後半に都内の私大を卒業したAさんは、もともと小学生の頃からソロバンが得意で、ソロバン塾では特進クラスだった。一方で国語は苦手で、大学は受験科目に国語がある学部をすべて避けたほど。大学の授業でも簿記には興味を持てた。自分が典型的な理系人間だと感じており、就活では漠然と銀行を志望。なかでも当時はエリートと目されていた都銀が希望だった。

「キミ、アツいものを感じていいよ！」。富士銀行（現みずほ銀行）からは、そんな言葉を貰って、浮き足立った。東京九段の「ホテルグランドパレス」で5時間も拘束され、4、5人の面接官から入れ代わり立ち代わり面接を受けた後のことだ。「これはビンゴだな」。内々定を貰ったつもりだった。

面接では「将来は地元の発展につながるようなプロジェクトファイナンスを」などと、ありがちな志望動機を繰り返し述べていた。それで十分だった時代だ。

他行も受けていたが、三和銀行（現三菱東京UFJ銀行）は、人事部の上司が部下をアゴで使う様子を目の当たりにして、厳しい体育会系の社風は自分には合わない、と途中で辞退していた。

ところが、富士銀は最後の最後で、正式な内定を出さなかった。事実上の内定取り消しである。Ａさんが大学の就職課に駆け込んで相談すると、「人気企業なので、後輩の枠がなくなったら困るから」と言われ、何の対処もしてくれなかった。

落ち込んだＡさんは、たまたま頭取が自分と同じ大学出身者を採用したがっているという話を聞きつけ、「福岡シティ銀行」（現西日本シティ銀行）にＵターン就職することに決めた。「第二地銀」であることには不満もあったが、当初の志望業種である銀行にこだわった。

ほかにも幅広く大手企業にはエントリーしたものの、ＪＡＬは最終面接の一歩手前で落とされた。鶴のマークといえば、親の世代には特にブランド力が強い。両親からは、断然、ＪＡＬを薦められていた。

最近のＪＡＬ倒産を見て、Ａさんは思う。「内定していたら、ＪＡＬに行っていたと思う。40歳になったら無理でしょうが、30歳くらいまでならＪＡＬのブランドで転職はできたはず。会社の将来なんて、財務部門の社

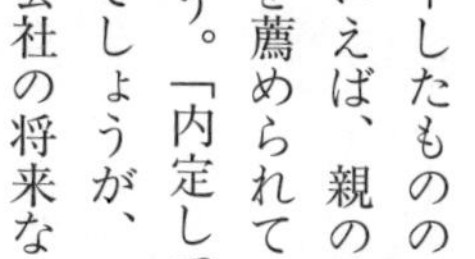

[就活時] 動機も能力も、おぼろげながらにしかわかっていない。動機＝大企業・ブランド志向、能力＝理系的、簿記、といったところ。

員ならともかく、若手の一社員でも見通せない。学生なら、なおさらです。どうなるかなんて誰にもわからないのだから、選べるなら、とりあえずデカいところに行っておくべきでしょう」

†地銀時代（23歳〜）

福岡シティ銀行では、個人向けの窓口、住宅ローン、そして法人融資と、通常の基幹職の銀行マンらしい仕事をジョブローテーションでこなしていった。営業では、地場の中小企業や、商店街の自営業者をまわる日々。

そんなある日、突然、金融庁の検査官がやってきた。朝8時に出社すると、店の前で既に待ち構えており、カバンの中を見せろという。自宅に融資先のリストを持ち帰っていないか、などコンプライアンス状況をチェックされるのだ。

そして、店内で検査開始。支店長、融資課長、そして融資担当のAさんで、最優先で対応にあたる。Aさんは名刺を差し出すが、検査官は当り前のようにくれない。「ファイルをもってこい」「稟議書をもってこい」……。指示に従い文書を出し、検査官が自己査定どおりなのかを、逐一チェックしていく。権力の塊だ、と思った。「これで自分のなかに、中央省庁の役人のイメージができたんです」。Aさんの心に、検査官の姿が強く刻み込まれた。

3年間で、一通り銀行業務の基礎知識や法人融資のスキルを身に付け、Aさんは捲土重来を期して、東京を目指すことに。転職先は、**上田短資（現上田八木短資）**にあっさりと決まった。テレビの為替を伝えるニュースで流れる「上田ハーロー」のディーリング風景を見て憧れを持っていたところ、たまたまウェブ上で中途採用の募集を見つけたのだ。

もし、そのまま銀行に残っていたら……。今でも考えることはある。福岡シティ銀行は2004年、より規模の大きい西日本銀行に吸収合併され、「西日本シティ銀行」になった。本店の主要ポストは西銀にとられ、福岡シティ出身者は支店に追いやられて、多くが辛酸をなめている。

「同期は支店でドサまわりをしている。自分が残っていたら自転車で定期預金を集めていたと思う」（Aさん）

†短資会社へ（26歳〜）

ほとんど憧れだけで転職した短資会社。銀行間の短期資金を仲介し、手数料を貰う部門に配属された。短資会社の収益源は主に二つ。一つは

[地銀離職時] 中央省庁の役人とのやりとりのなかで、自分の権力志向的な動機が顕在化し、後々のキャリアに影響を及ぼす。能力面では、財務や営業の基礎力が身につく。

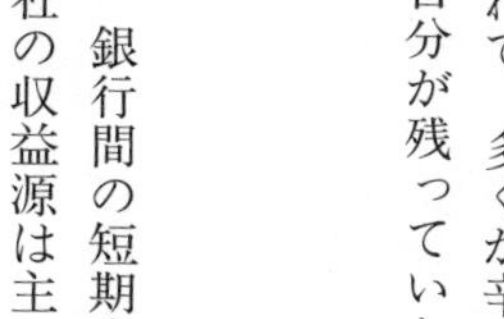

Aさんが担当することになった銀行間の資金の仲介。もう一つが、日本銀行による公開市場操作にともなう仲介手数料だった。つまり、民間銀行だけでなく日銀もお客さんだった。

だが、入社する直前（1999年2月）になって、日銀による「ゼロ金利政策」が突如として始まった。この政策は短資会社の収益を圧迫した。日銀が円を超低金利で放出したことによって円がジャブジャブにダブつき、銀行としてはもう円はいらない、という状況になり、取引量は激減。ブローカーとして仲介手数料を稼げなくなったのだ。

地銀3年目の給与は400万円弱なので、短資会社への転職で待遇面は若干の改善があるはずだった。だが、それまで年3回ボーナスがあったほど儲かっており、都銀並みと言われていた年収も、ゼロ金利政策によって悪化。仕事はないし、給料も安い。しかも、ゼロ金利が解除される見通しも立たなかった。

午後は雑誌を見て暇つぶし。15時の決済が終わると、営業という名目で買い物にぶらついたりする人が多いほどだった。もともと、ディーリングへの憧れだけで入社した会社だ。そのディーリングとて、入社してわかったことは、電子化の流れのなかで人間の役割が低下し、未来は明るくないということだった。

1年余りで再度、転職を決意し、自分でウェブをチェック。「朝日アーサーアンダー

セン」（現在は消滅）というコンサルティング会社に応募した。2000年当時、コンサル業界全体が急拡大中で、各業界から人材を吸収していた。

採用された理由は明確だった。当時、各銀行が持つ日銀口座の間の決済を、バッチ処理（12時、15時、17時）からリアルタイム決済に変えるための情報システム導入が決まり、アンダーセンがその金融庁のコンサル契約をとろうとしていたのだ。それで、「短資業界の知識を持つ人材ということで、一本釣りされた」（Aさん）

Aさんとて、決済システムに詳しいわけではなかったが、「リアルタイム決済については、社内で勉強会をやっています！（参加はしてないけど……）」などとアピールし、内定。当時、600人ほどの人員を1000人に拡大するため採用を強化していたこと、4年強のキャリアでまだ27歳だったことなどから、売り手市場だった。

短い在籍ながら、短期金融市場という、かなり限られた業界知識ではあるが、金融業界での知識の幅は広がった。

そのまま残っていたら……、今や電子商取引に8割がた移行し、会社の存在価値が低下。ボイスブローキングから、ロイターやブルムバーグを介した電子ブローキングに、ほとんど移行してしまったのだ。会社は生き残りをかけて2001年、大阪に地盤を置く「八木短資」と合併し、「上田八木短資」に。テレビで流れるような円卓での人を介した取引は激減し、残っていても当初の単純な憧れすら実現しなかったはずだ。

†コンサルへ（27歳〜）

アーサーアンダーセンは世界5大会計事務所の一つ。そのコンサル部門の日本法人だから、安定度は高いはずだった。日本では朝日監査法人のコンサル部門として、朝日アーサーアンダーセンと名乗っていた。

Aさんは金融グループに所属し、財閥系不動産のリート（不動産投資信託）設立支援、クレジットカード会社のクレジット課金導入にともなう効果測定など、大手金融会社をクライアントとするプロジェクトに参画した。

ところが1年ほどで、派閥争いに巻き込まれる形で部署が分裂。Aさんが付いていったディレクターの部署は業績不振に陥り、仕事がなくなった。さらに、時を同じくして2001年秋、米国アーサーアンダーセンが監査を担当していたエンロンの粉飾会計が発覚し、世界的な信用が失墜。監査部門とコンサル部門の兼務が問題視され、解散・消滅に追い

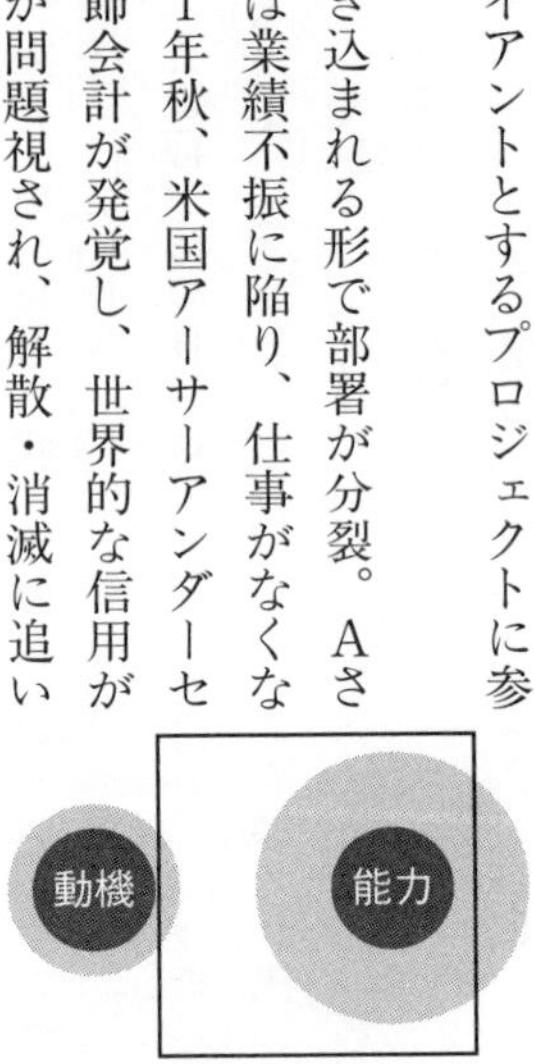

[コンサル離職時] 財務関係で実務を、という動機が顕在化。短資会社、コンサル会社を通じて金融に関する知識も増強。

込まれた。
日本ではコンサル部門の大半はKPMGコンサルティングという会社に吸収されたが、Aさんの居場所はなく、再び短期での転職を余儀なくされる。コンサル業界内での移籍は考えなかった。「コンサルは客をちょろまかしてフィーを貰ってる感じが強く、銀行以上に虚業だな、と」(Aさん)
コンサル時代、能力面では正直、あまり伸びなかった。虚業ではなく現場で手ごたえのある実業をやりたい、という点で動機は少々、明確化した。

†事業会社の財務へ(28歳〜)

退路を断たれた転職活動では、とりあえず事業会社の財務部門を志望。ウェブサイトで見つけた「**ホテルオークラ**」と、求人誌「ａｎ」に載っていた新興レストラン「キハチ」を展開する「キハチアンドエス」で迷った。ホテルと外食といえば一見、金融業界とは畑違いではあるが、どちらも財務部門である。
キハチは年収600万円を提示、オークラは550万円と言われていた。ここで、元からあったブランド志向が顔を出す。給料よりブランドで、オークラを選んだ。オークラは帝国、ニューオータニと並ぶ日本ホテル業界の御三家だ。前年に自分の結婚式場として選び、そのときのサービスに満足していて縁も大きかった。

オークラでは、主に「グループ戦略課」に所属。その名のとおり、オークラグループ全体のM&A（合併、買収）や財務戦略、再建計画を策定する部署である。ハウステンボス（長崎県）ホテル部門のアドバイザリー業務契約や、グアムホテルオークラの売却交渉などを担当し、国内外を飛び回る。30歳にしては十分すぎるやりがいと権限があった。

ところが問題があった。仕事内容はピカイチで面白かったが、オークラという会社の業績が、過去45年の歴史のなかで最悪の水準に転落したのだ。外資の参入や米国の同時テロ、SARSの影響もあり、2002年3月期、2003年3月期と、連続赤字に陥っていた。

もともと給与水準が低い業種であるうえ、ボーナスが年2カ月分未満にまで切り込まれ、残業代も削減されたため、30歳で年収が400万円を切ってしまった。これから子供を養うことを考えると、キツい水準だ。採用時点で550万円というのは、

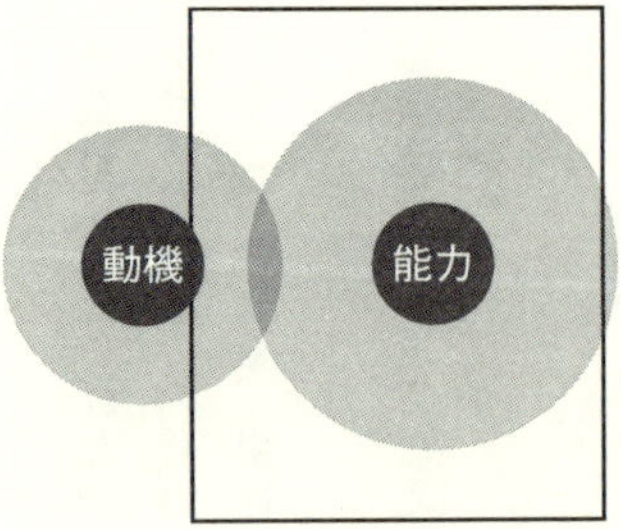

[ホテル離職時] オークラはブランド志向の動機にかすっているが、一蓮托生で自分の将来を託すイメージは持てず。能力は、歴史ある事業会社のグループ戦略という大舞台で、財務以上に幅を広げた。簿記一級も取得し、知識面も増強。

残業代がまともに出て、ボーナスも例年通り年5・2カ月分出た場合の、仮定の話にすぎなかった。

入ってみて感じたのは、ホテルという業界自体が供給過多の構造不況業種で、会社の存続が危うい、ということ。今後、ずっとホテル業に身を置くのはリスクが高いのでは、という疑念を強く持った。ホテル事業自体にも興味はなく、オークラの財務畑で課長、部長と昇進したいイメージも、自分の中で湧かなかった。サービスのブランドとしては好きだが、働く場としてのブランドは別だ、と思った。

まだ30歳なのに4社目だ。どのような理由があるにせよ、次の転職で最後にしないと「ジョブホッパー」の烙印を押されてしまう。身の振り方を、真剣に考えた。

税理士の資格をとって税理士法人で働き、将来は独立して妻を秘書に、とも考えた。とにかく、自分が得意としてきた財務の分野で、専門性を高めよう。毎日1時間早く会社に行って勉強し、土日は専門学校「TAC」に通う生活を1年ほど続け、「簿記一級」の資格をとった。Aさんには、かなり勤勉で頑固な面があった。

†最後の転職（31歳〜）

そんな折、日経新聞日曜版の人材広告で、国家公務員II種の中途採用募集を見つけた。

「証券取引等監視委員会」(日本版SEC)と「公正取引委員会」だった。いずれも、小泉内閣の規制緩和の流れのなかで、市場を監視するための機関として、人材を強化する方針が打ち出されていた。応募条件は、「財務・会計の経験者」「ＩＴ・コンピューターの経験者」、「購買・調達業務の経験者」など、それぞれ専門分野を限定して募集していた。

それまで「公務員になるつもりはさらさらなかった」というAさん。公務員は、常に自分の上に位置する、仕事の相手先だった。Aさんが「オークラ福岡」を担当していたときのことだ。過大投資が原因で債務超過に陥り、いわゆる「産活法」を申請して、債権放棄を認めてもらうよう、厚生労働省にお伺いを立てるのが仕事だった。

課長と一緒に再建案を作り、弁護士に法的なチェックを受け、厚労省に持ち込むと、課長補佐に「今日は課長クラスだけですか?」という対応をされる。次は、顧問

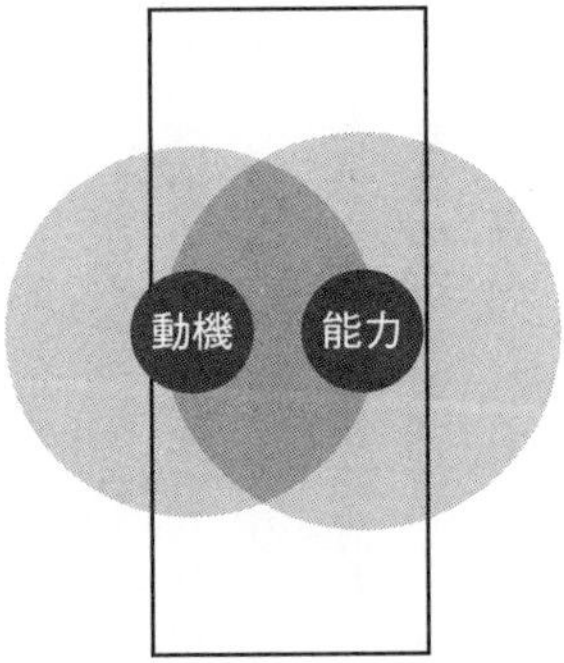

[公務員時代] 権力志向、ブランド志向のコア動機にマッチ。財務的なコア能力も活用できている。ピラミッド組織の下方構成員だけに一つ一つの業務の幅は狭く、能力を発揮し切れない部分も多いが、取調官としての経験値など身につけるべき能力も多い。

弁護士と取締役を連れて行く。それでも役所は課長補佐しか出てこない。もちろん業務のことは何も知らないので懇切丁寧に説明するが、こちらの都合にはおかまいなしに、結論が延び延びにされ苦しんだ。いわゆる「お役所仕事」である。

過去の職場でも、常に役人とのつきあいがあった。金融庁（地銀）、日銀（短資会社）、厚労省（ホテル）。その都度、役人には勝てない、と思ったものだ。

自分も権力を持ちたい——。「寄らば大樹」のブランド志向は、国が身分保障する官僚という仕事に合致する。しかも自分は、応募条件にある財務・会計の経験者で、簿記の資格も持っている。迷わず、応募した。

中途採用試験は面接だけで、筆記は免除される。Aさんの財務畑のキャリアは、まさに要件を満たしており、難なく採用された。結局、オークラには2年半ほど勤めたことになる。

公務員は守秘義務が厳しいことから、Aさんは業務の中身については語ろうとしない。ただ、仕事は、現場の捜査官としてガサ入れし、容疑者への事情聴取で事実関係を認めさせ、調書をとることだという。日々の事情聴取には財務知識が活きる一方、新たに必要となる法律解釈力や交渉力なども、実は向いていることがわかってきた。

取り調べ業務は、相手を自供させるのが仕事。その点、金融庁の検査官に似ている。

地銀時代に遭遇し、「この人たちには勝てない」と思った検査官だったが、自分がその立場になれたのだ。

その後、「警視庁」「東京国税局査察部」「東京地検特捜部」の3つの組織への出向を異動希望先として出すなど、積極的にキャリア形成に励むAさん。雇用は安定、給与も国の規定どおり安定し、年収は前職の2倍近くになった。

社会人10年弱で転職4回と紆余曲折は激しかったが、すべて自分1人で決断してきた。今は落ち着くべきところに落ち着き、自分のキャリアには満足している。

Aさんは、ことごとく勤め先が業績悪化に見舞われているが、そのなかでめげることなく活発に切り開き、30代半ばまでに、動機（権威志向）と能力（財務）の重なる部分で仕事を得ている。会社という器は、もはや極めて不安定なものとなり、会社任せのキャリアでは生き延びるのが難しくなった、ということだ。

第2章

年齢別の新しい俯瞰図

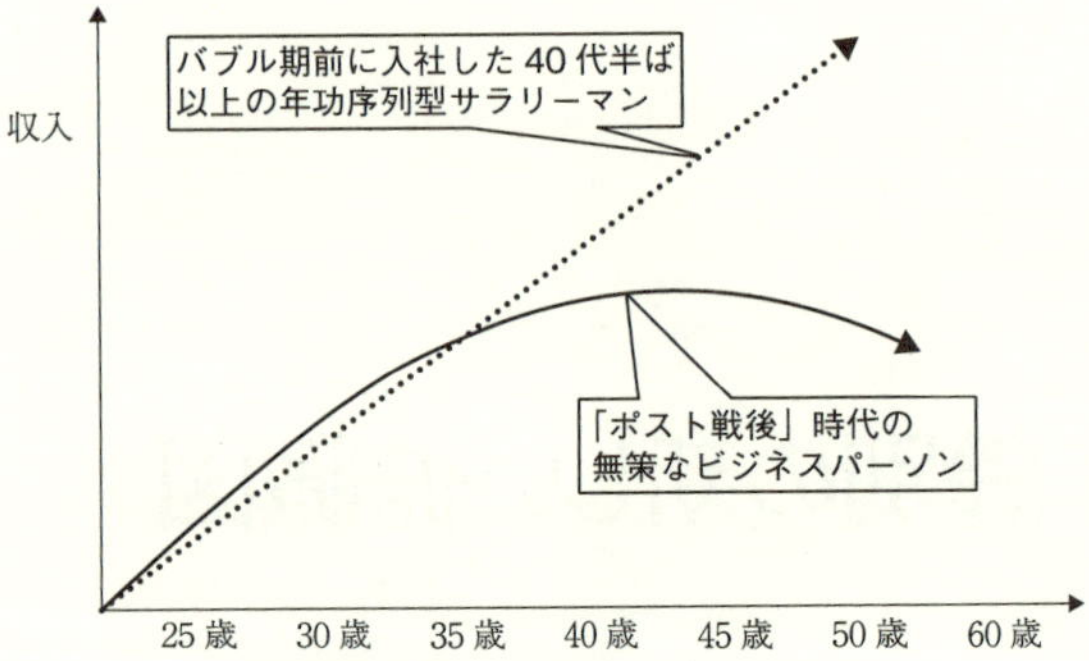

無策なビジネスパーソン曲線

「ポスト戦後」のパラダイムにおいて、全体像としてはどこにマイルストンを置くべきか。本章では、仕事人生全体のタイムスパンで見た場合の、「戦後」と「ポスト戦後」の違いについて、説明しよう。

†無策なビジネスパーソンの辿る道

単純に「年齢」と「収入」を俯瞰図で示すならば、図のようになる。まず、バブル期より以前に入社し、既に40代半ばもすぎている人たち。この世代は、既に課長クラス以上に昇進している人が多く、特に中堅以上の企業ならば、逃げ切れる可能性が高い。成果主義への制度変更があっても、概ね労働組合の抵抗で「激変緩和措置」が設けられるため、年功序列のイナーシャ（慣性、惰性）のままに、仕事人生を終えられる。

ところが30代以下、特に20代は、まったくこの軌道に乗ることはできない。この10年で導入が進んだ〝成果主義〟によって、上の世代の2倍くらい成果を上げれば何とか出世競争に勝ち残れるが、それは一握りの人たちだけ。**多くの「普通の人たち」は、40代早々での給料頭打ちを覚悟しなければならない。**40歳でも50歳でも給料はほとんど同じか、業種によっては下がる(銀行は40代後半から出向・転籍、給料3割カットが当り前)。その前提で人生設計を組まなければならなくなった。

ここで選択を迫られる。ジリジリと給料が減っていくことを甘んじて受け入れ、リストラに怯えながらの仕事人生でよいのか、それとも親世代(年功序列時代)と同等以上の豊かさを求め、積極的にキャリア設計をしていくのか。本書はもちろん、後者の、時代に合った積極的なキャリア設計のための本である。

「親世代と同じ」といっても、年功序列の右肩上がり賃金カーブの時代は既に崩壊しているので、同じカーブを描くのは無理だ。より市場価値に即した、40代がピークになるような弧を描くようになる。これは、50代になってさらに知力・体力が伸びるという人も稀にいるが、人間の能力は50代には衰えるはずだからだ。

よって、次頁の図のように、若い段階でぐんぐんと稼げる能力を伸ばし、収入を増やす必要がある。この生身の人間の労働によって収入を稼ぎだす能力を、**「人的資本」**と呼ぶ。人的資本は生身の人間に依存する「稼げる力」だから、50代には減少する可能性が高い。

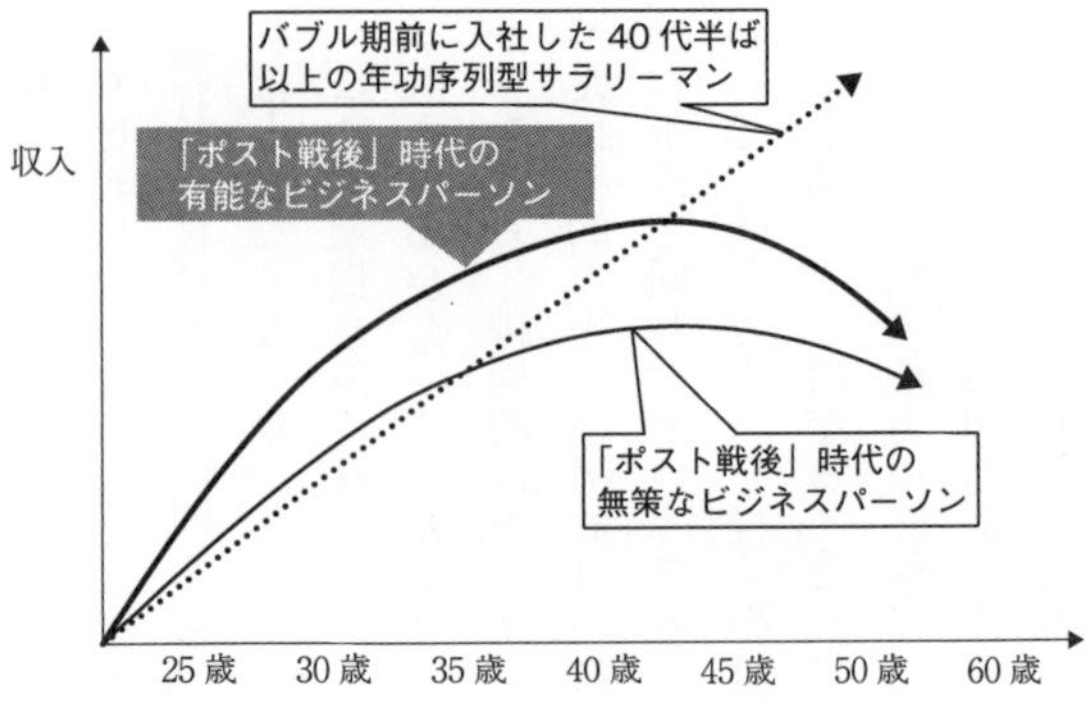

若手が目指す収入カーブ

よって、40代までの蓄積を50代以降のためにとっておかなければならない。なぜなら、一般的には、子供がいたりすると、住宅費や教育費で、50代は一番お金がかかる時期だからだ。従来の年功序列型賃金では、お金のかかる時期に給料が上がるという都合のよい仕組みだったから、貯蓄を考える必要性が薄かった。

†ポテンシャルの価値を正しく認識せよ

若い段階で人的資本を増強する必要があるのは、そのポテンシャルが歳とともにどんどん減少していくからだ。これは当り前の話ではあるが、たとえば語学を身につけるなら、30代よりも20代、20代よりも10代のほうが身につきやすい。同様に、営業力でも技術力でも、人的資本を増強できるポテンシャルは、若いほど高い。

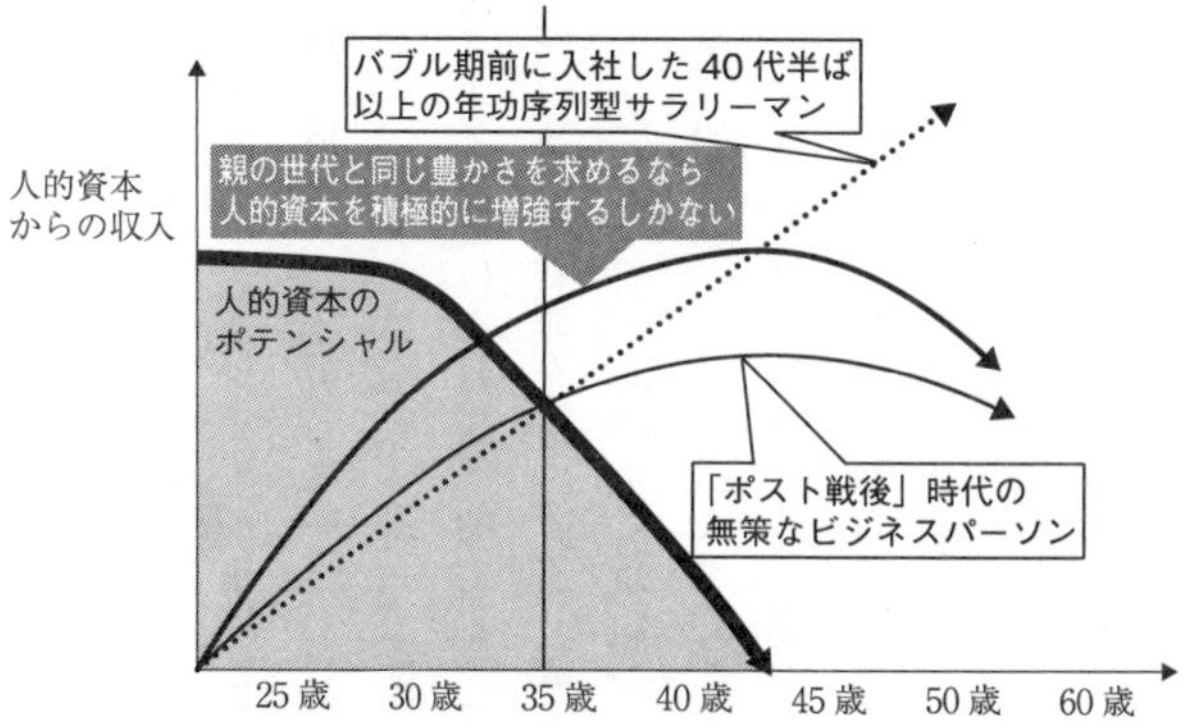

ポテンシャル急減で訪れる「35歳限界説」

ポテンシャルは、年齢とともに急激に衰えていく。30歳をすぎてまったく新しい分野の能力を開発するのは、かなり厳しい。転職35歳限界説は、そのくらいの年齢でポテンシャルが急降下する一方、それを補うだけの人的資本力（＝稼げる力）が身についている人が少ないことによる。JALや三越がリストラで希望退職の応募条件を「35歳以上」としたのは偶然ではない。

たとえば、23歳を新卒として、平均的なビジネスパーソンの市場価値を「ポテンシャル＋稼げる力」で5年刻みで数値化するならば、以下のようになるであろう。企業はこの両者の合計値で採用する。

新卒：100＋0＝100
28歳：80＋30＝110
33歳：50＋40＝90

38歳：20＋50＝70

新卒と同等以上の価値を見出してもらえるのは20代のうちだけ、ということだ。重要なことは、ポテンシャルが年齢とともに一直線に急降下していくのに対し、稼げる力のほうは一直線に急上昇、というわけにはいかない点にある。つまり、会社勤めの一般的なビジネスパーソンは会社の都合で配属や人事異動が決まるので、社内向けの仕事やルーティンワークも避けられず、能力アップにつながる仕事ばかりを選べない。だが、ポテンシャルのほうは、有無を言わさず、歳とともに冷酷に減っていく。

したがって、「稼げる力の伸び率」よりも、「ポテンシャルの減耗率」のほうが大きくなるのが一般的なのだ。よって、多くの人にとっては、30代半ばに、市場価値の限界がやってくる。企業にとっては、「もうこの人は伸びないな」という人材（38歳＝70点）よりも、20代後半で、多少は戦力になって、かつ「これからも伸びそう」な人材（28歳＝110点）を採ることのほうが理に叶っている。

なぜ採用でポテンシャルがそれほど重視されるのかというと、米国のようにすぐに解雇ができない日本の法体系の下では、正社員は定年まで雇うことが大前提になってしまうからだ。来年1年だけ働いてくれればいいのなら、いま現在の能力を重要視する。だが、今後30年以上も雇い続けることを考えたら、会社のカルチャーも吸収してもらわなければ困るし、伸びしろがあって、「育てがい」のある人材である必要がある。つまり、法規制の問題からポテンシャルが過大評価されるのだ（第7章参照）。

外資のリストラでは米国風に「ヘッドカウント（頭数）を減らせ」となって20代も対象になるケースが普通にあるが、日本企業のリストラでは「35歳以上」などと条件がつくのも、このポテンシャル過大評価の問題と根っこは同じである。

以上は平均的なビジネスパーソンの場合だ。それでは、少し頑張って能力アップに励み、人的資本を積極的に増強してきたデキるビジネスパーソンは、どうなるのか。同じく「ポテンシャル＋稼げる力」で概念的に数値化すると、以下のようになる。

新卒：100＋0＝100
28歳：80＋60＝140
33歳：50＋80＝130
38歳：20＋100＝120

こういう人は多くはないが、企業にとっては、新卒時以上に採用するメリットがある人材になる。ケース⑥で登場するインフラのEさんは、そんな1人である。

ポテンシャルというのはクセモノで、採用側は「企業カルチャーへの適応力」も重要なポテンシャルとして見ている。独特のカルチャーを持つ企業に中途で入ると、それまで身につけたものを〝アンインストール〟するのは極めて難しいので、適応できずに辞めてしまうからである。

私の取材のなかでも、**リクルート**（ポイントは外さないがロジカルではない）と**アクセンチュア**（ロジカルな正しさを追求する）の相性の悪さはよく耳にする。どちらからどちらに転職しても、その社員はカルチャーギャップに悩み、長続きしない。

そこで、カルチャーが強烈な会社ほど、新卒での採用を重視する。たとえば**サークル的なカルチャーを持つサイバーエージェント**は中途採用者の離職率が高かったことから、2006年11月に中途採用を中止した。以後、採用は新卒に特化して、業績は絶好調である。また、分単位の営業マン管理など「営業を科学する」ことで知られる高収益企業のキーエンスは、長らく新卒採用しか行っていない。これらの例は、新卒時でなければ〝洗脳〟が難しいことを示している。

こういう会社にとっては、他社で5年も働いた社員のポテンシャルは20代であってもゼ

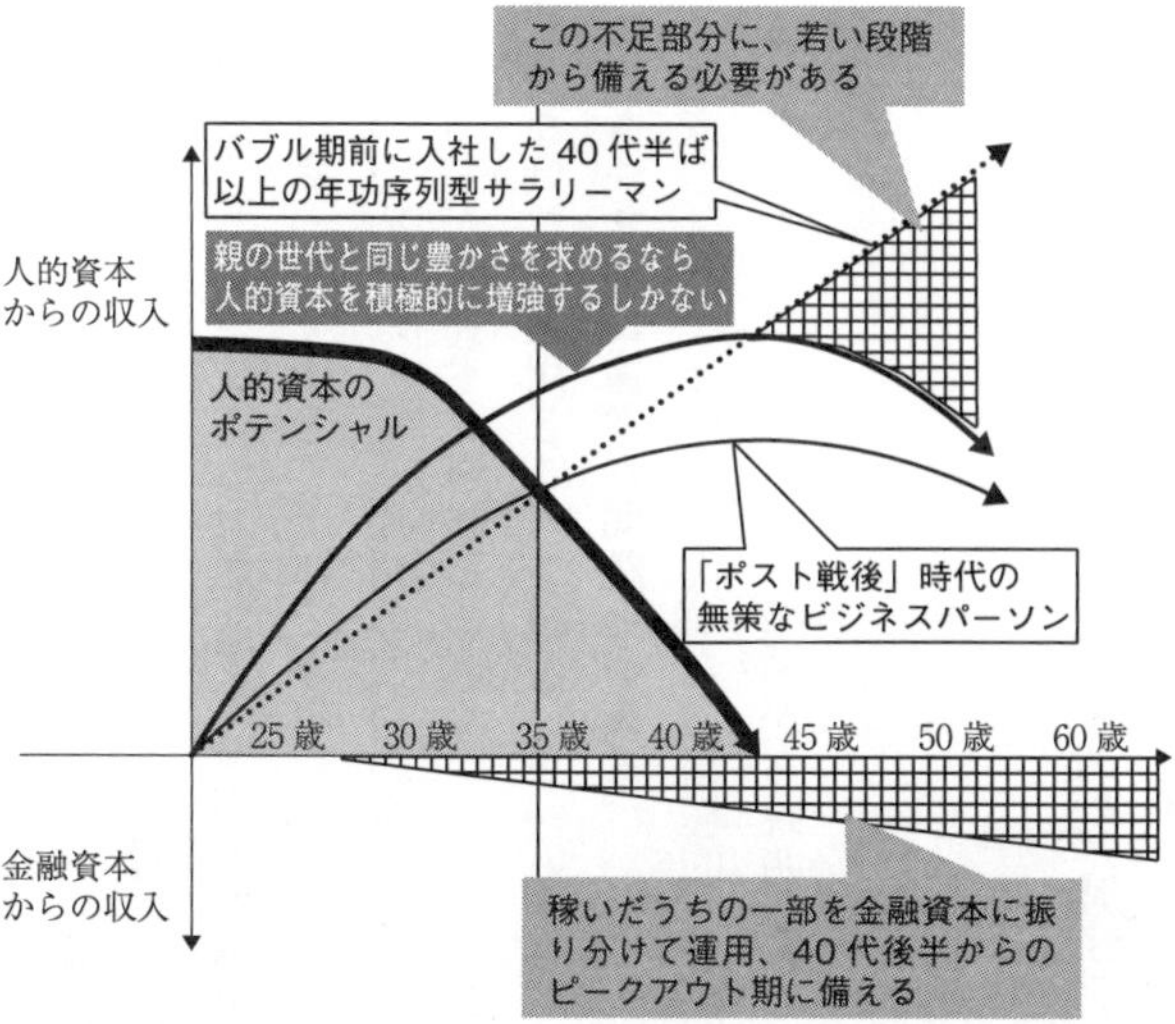

人的資本＋金融資本のトータルで考える仕事人生設計

ロ評価されてしまうのだ。これは極端な例ではあるが、それほどにポテンシャルの減耗は速い。

多くのビジネスパーソンは、この「ポテンシャル」についてあまり真剣に考えていないために、貴重な20代をのんびり過ごしてしまい、取り返しがつかないまま30代後半を迎えてしまうのである。

†金融資本に振り分ける設計を

従って、ポテンシャルの高い20代のうちから意識的に人的資本を増強、つまり「稼げる力」を高めてゆき、遅くとも30代半ばくらいからは、余裕資金を作り始める（上図参照）。

そして、もう一つの資本である「金融資本」の増強を開始し、金融資本からも収入を得られるようにしていく。これは第一に、50代以降のお金がかかりそうな時期に「人的資本」が必ずしも伸び続けないという「想定される事態」に備えるためであり、第二に、「自分年金」のためだ。公的年金も国家財政も事実上、破たんに近い現状では、今の30代以下はまったく国をアテにできない。

そのためには、資産運用のための金融リテラシーも必要となるが、本書で扱うのは、どうやって人的資本を増強していくか、というキャリア論のほうである。そもそも、まず種銭がなければ運用どころではないのだから、**「人的資本をどう増強するか」が、優先されるべき決定的に重要な問題といえる。**

本章では、なぜいま20代からの積極的な人的資本の増強が必要なのかについて、人生全体のタイムスパンという俯瞰図から説明した。以下、ケース②のBさんは、一つの参考となるだろう。

ケース②　旅行のBさん（私大／文系／男性）
――「ピンときて、3年弱で辞めました」

1997年卒のBさんは新卒時の就活で、特に明確な目的意識もなく、幅広い職種・業界をまわった。一浪一留、私大文系で、特に専門領域と呼べるものはない普通の大学生。商社と銀行はすべて落とされ、残ったのがJTBと、富士フィルムなどメーカー数社だった。

そんななか、最初に内々定が出たのがJTBだった。「3、4日の拘束旅行に参加したため、自動的に決まってしまった」（Bさん）。流れに任せた就活だった。

†旅行会社でドブ板営業（25歳〜）

最初の赴任地は、愛媛県の松山支店。当時、だいたい支店に5、6年いてから次に異動、というのが基本パターンで、それも中四国ブロック内での異動もアリ、という状況。10年近く支店から異動なし、という先輩社員もいた。

仕事内容は、まず支店内で「団体旅行営業」のチームに配属となった。企業や団体向けに慰安旅行や観光、視察旅行などを企画して売り込み、添乗員として同行もする。修学旅行の添乗もやった。夜、見張り番もするので、2時間しか寝られないのも当たり前というハードな仕事だ。

旅行の企画は、ゼロから1を生み出す仕事なので、面白みはあった。たとえば、NHK文化センターの会員向けに歌舞伎を観に行く旅行を企画。それまで誰もやってこなかったプランを考える楽しさはあった。

欠点は、すぐにマネされること。他の中小の旅行会社が同じような旅行プランを格安で出してくると、価格面で太刀打ちできなかった。

入社2年目に、支店内で、海外旅行専門のチームに異動に。年の3分の1くらいは海外に添乗する日々となった。あるとき、愛媛県庁の視察旅行でドイツに同行することに。そこで講演を聞いたのが、転機となった。

ちょうど欧州の共通通貨「ユーロ」発足を控えた時期で、地元の大学教授が、国際金融の動きについて「ユーロ発足による資産運用の変化」といった内容の講演をしていたのである。大学時代は国際金融論を学んだし、ゼミも国際関係だった。「添乗中ではあったものの、興味深く聴いていて、ピンときたのを覚えている」(Bさん)

これがきっかけとなり、転職活動を意識する。自分が心動かされるのは、金融の世界ではないかと直感した。だったら、旅行営業を続けていても仕方がないし、同僚に迷惑をかけてしまう、と考えた。

団体旅行というJTBのビジネスに将来性がないことには、薄々感づいていた。今後は個人旅行が主流になり、ニーズが減っていく。今のシニア層が引退したら、企業の団体旅行需要も減るだろう。

やっぱり旅行ではなく、自分は金融なのだ、という動機に気づいたのは収穫だった。一方、能力面では、新規開拓のドブ板営業ばかりだったので、営業力が鍛えられた。電話帳を見て営業をかけたり、「求人広告を出している会社は事業を拡大している可能性が高いはず」と読んで、営業をかけたり。

毎月のように行っていた添乗では、バスのなかで客に話しかけるし、宴会で司会もやる。ある地元建設会社の旅行に添乗したときなどは、宴会場で「ありがとうございます!」といって飲んでまわった。50人いるから、単純計算で50杯飲んだ。

もともと体育会系でもないし、人前で話すのが得意でもない。「最初は、どもっていましたが、だんだん度胸がつき、慣れました。前向きで楽天的でないとやってられない仕事。最近、大学時代の旧友に久しぶりに会うと、垢抜けたね、と言われます。仕事は人を変え、成長させると言いますが、その通りだと思う」(Bさん)

泥臭い営業仕事についていけず、最初の1年で同期は2割弱が辞めていった。Bさんは、営業自体は能力的にも苦ではなく、それを理由に辞めるつもりはなかったが、旅行業界に限界を感じていた。3年目の終わりにさしかかった99年末には辞めると心に決め、リクナビ系の転職サイトに登録し、日経の求人欄に目を通すようになった。

†金融の世界へ（28歳〜）

ターゲットは金融業界で、特に資産運用の分野に定めた。旅行商品は簡単にマネされる点に不満があったが、資産運用の世界は複雑で、簡単にマネできない、と考えた。資産運用には、ビジネスとしての広がりを感じていた。

問題は、転職活動だった。金融は東京に集中している。松山にいたら、転職の面接すら受けられない。それならば、と2000年1月に、辞表を出し、思い切って辞めた。結局、まる3年いなかったことになる。

当時は、数カ月暮らせる程度の貯金しかなかった。だが辞めない限りは、十分な転職活動ができない。まだ27歳で、年齢的にも転職先はすぐに見つかる、と思ったのだ。

東京でマンションを借り、転職活動に専念した。数カ月のうちに

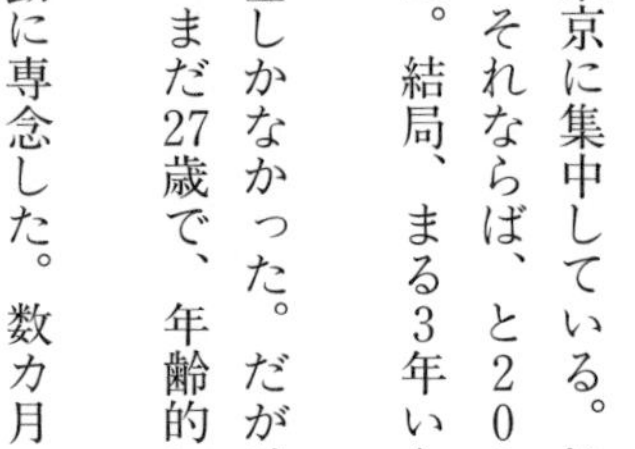

[JTB 離職時] 就職時はほとんど不明だった動機が、仕事をしていくなかで「金融」だとひらめく。能力としては、ドブ板営業と添乗員業務によって、コアな営業力が開発された。両者が交わらないことは明らかで、離職を決意。

2社から営業職で内定を貰った。一つは、大和證券で個人投資家向けの資産運用。もう一つが、**日興アセットマネジメント**で、銀行・証券向けの投信商品の営業。より幅広い顧客が相手のほうが面白いと考え、日興のほうに決めた。

日興では、日興が開発した個人向けの投信商品を、証券会社や銀行の窓口で売ってもらうために売り込む営業をやった。

転職で収入面は1・5倍になった。JTBは月5万円の住宅補助を入れても年収約450万円だったが、日興は当時マスコミで話題になったシティの資本参加による急激な成果主義導入で「月40万円強プラス成果給」。年収は600万円弱になった。

売るものは変わっても、営業スキルは通用する。JTBのドブ板営業に比べれば、金融の世界は紳士的であり、馴染むことは難しくなかった。運用商品の知識をどんどん吸収し、能力を拡大させていった。

†401Kの営業へ（31歳〜）

日興アセットマネジメントで3年ほどがすぎた2003年春、ヘッドハンターから電話がかかってきた。実は元日興アセットマネジメントの社員で、早期退職優遇制度で退職した人だった。会社で接する機会はなかったが、向こうは自分の仕事ぶりを見て、知っているという。

　当時は、確定拠出年金法の施行（２００１年10月）に基づき、いわゆる「日本版４０１Ｋ」が伸びそうな時期で、その営業を、**フィデリティ投信**でやらないか、という話だった。

　日興アセットマネジメントではリテール向け営業しかやってこなかったので、自分としても、企業・団体向けの投信・運用商品の法人営業は、キャリアの幅を拡げる。年金という社会基盤に深く関わる仕事にも興味があり、話を受けることにした。

　これで、３社目になる。４０１Ｋは、自分でリスクとリターンの度合いを選択でき、他社に持ち運びもできる年金制度。米国では広く普及しており、転職市場の拡大が見込まれる日本でも、導入の拡大が見込まれていた。

　転職後も、ヘッドハンターからの電話は、頻繁にかかってきた。今度は、４０１Ｋではなく、従来型の年金である「確定給付」のほうを手掛けないか、という話だ。そこで、前から知っていたヘッドハンティング会社経由で、２００６年夏に、外資

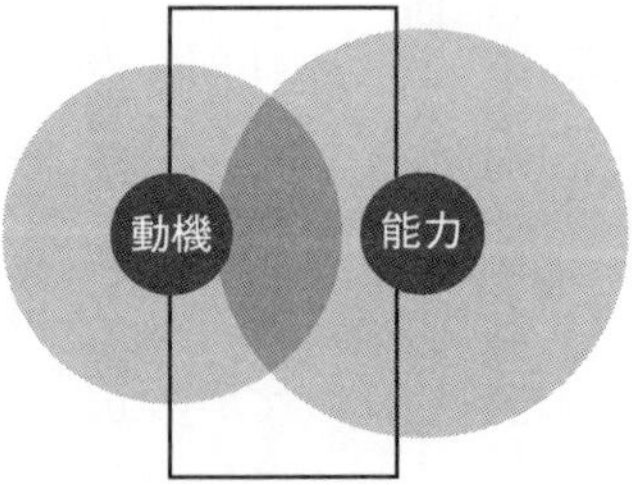

［フィデリティ離職時］望みどおり金融の営業をリテール（一般消費者）向け、法人向けと２社で行うなかで知識を増強。さらに幅を拡げるため４社目に転職。海外志向の動機も顕在化してきている。

系の資産運用会社に転職。社会人10年目の夏だった。フィデリティには結局、約3年の在籍だった。

†4社目、確定給付年金営業（34歳〜）

現在のビジネスは、企業などの年金基金に営業をかけ、年金資金の運用を任され、手数料を受け取る、その営業である。401Kを導入している企業内でも、2：8か3：7で、確定給付年金の割合が大きいケースが主流なので、市場規模は大きい。

条件は、基本給が月収約100万円＋成果給で、ポジションはVP（ヴァイスプレジデント）。日本企業でいえば課長みたいなものだ。フィデリティとは異なり、成果給が高くつく。チーム3人で約1000億円を売り、2008年支給の成果給は約500万円だった。トータルの年収は約1700万円。一方、JTBの同期は、その3分の1の500万円台。しかも、添乗などで労働時間は長い。

JTB時代の新規開拓営業は、確かに役に立っている。企業の年金運用部門に営業をする際、「コンサルティング会社を雇っていますか？」と聞き出して、そこに売り込みをかけるといった泥臭い営業も、躊躇なくできる。

金融の営業に転じてから、リテールの投資信託、401K、確定拠出年金と、3年単位で幅を拡げてきた。今後は、もともと国際金融に興味があったことから、海外志向も芽生えている。この世界に入ったきっかけはドイツへの添乗旅行だった。チャンスがあれば、欧米の年金基金のトップや理事会メンバーに就任し、今度は投資商品を採用する側に立つのも、将来のキャリアと考えている。

†旅行業界に残っていたら

ＪＴＢの２０１０年３月期決算は過去最悪となる**１４５億円の最終赤字**で、社員のボーナスも激減。これは産業構造の変化によるもので、一時的なものでもない。ＪＴＢのビジネスに将来性がないと分析したＢさんの見通しは当たった。

もう一度、40頁の図を見ていただきたい。ＢさんがＪＴＢに残っていたら、少なくとも収入面ではジリ貧となるばかりで、昇格も遅れ、親世代のＪＴＢ社員のような右肩上がりは到底、見込めなかった。まさに「ポスト戦後」時代の無策なビジネスパーソン曲線そのものを辿ることになりそうだ。

別のＪＴＢの若手社員は「**先輩が、子供は私立には行かせられないと言っている**」と話していた。団体旅行の構造不況は不可逆的な変化であるため、このままでは40代以降、かなり収入面で苦しくなるのは必至だ。

それでも、業界では一番まし、もっとブラックな会社はたくさんある、というのも事実だろう。本書で述べているのは、あくまで、同一企業内での親世代との比較である。収入が減ったら支出を切り詰めて小さく生きよう、日本自体が中国に抜かれ、アジアの小国に向かっているんだ、仕方ないじゃないか……という諦念を持って生きると決めている人は、本書を閉じてよい。

Bさんの分岐点は、入社3年目の決断だった。「JTBは人気企業、大企業だから」「地方支店にいるから」などと自分に言い訳をするのは簡単だが、内面を見つめ、内なる動機に正直に生きるため、上京して転職活動をしている。

まだ27歳で、人的資本のポテンシャルは高かった。一方、27歳にしては厳しい営業を経験し、稼げる力も身についていた。JTBの営業出身者は、人材業界ではリクルートや野村證券の出身者などと並び、評価が高い。ここで動機に沿ってフィールドを移り、一気に「ポテンシャル」を「稼げる力」に転換し、人的資本を増強したのである。

Bさんは言う。「たまたま年収は上がりましたが、決して目先のカネだけを考えて転職してきた訳ではありません。資産運用は、日本では未だ身近ではなく、それだけビジネスの将来性もあり、やりがいのある分野。給料については、『5年後に、5年間を振り返ってならせば高くなっている』と思えるか。だから、日興からフィデリティには、下がっても移籍するつもりでした。直近は安くても、身についた経験が後に役立つかが重要。だから『業界内でどう通用するか』を常に優先してポジションを動かしてきました」

金融業界は、業界全体の報酬水準が高めだから、確かに稼ぎやすい。たとえば、旅行商品の提供をどうしてもやりたくて、そこに自分の内なる動機があったら、どうやって「稼げる力」を身につけるべきか。それは、第5章で述べるとおり、産業そのものの分析が不可欠になっていることを認識したうえで、それでも覚悟を決めてやる場合は、ビジネスモデルを変えるほかない。一例を挙げるなら、私自身が、ウェブを活用することで、ジャーナリズムという、世の中で最も稼げないはずの分野で、普通以上に稼げている（ケース③参照）。

第３章

「ポスト戦後」のキャリアモデル

本章では、現在の若手ビジネスパーソンにとって必要とされる新しいフレームワークとして、「動機・能力モデル」を提示する。といっても、古いものが皆さんの頭にあるわけではないだろう。こうした重要なことが、戦後の経済成長一辺倒を前提とした社会システムが終わってもなお、まったく教えられていないのである。

†「動機」「能力」「現実の仕事内容」を交差させる

私はニュースサイトで『企業ミシュラン』という連載を6年ほど続けている。企業の広報や人事を通さずに現場の社員に、アポをとり、働く現場の実態や本音を聞いて、よいことも悪いこともフラットに、記事にまとめるのだ（企業の広報に紹介された社員を取材すると会社に都合のよいことしか話せないバイアスがかかる）。

その取材を続けるなかで、現在の仕事や会社に不満を持っている人にずいぶん出会った。不満があって転職を考えている人や入社前とのギャップに悩んでいる人のほうが取材に応じる動機があるので、これは当然だ。特に30代も後半以降のインタビューになると、「諦念」の感情が伝わってきて、いたたまれない。

一方で、満足度の高いキャリアを送れている人にもずいぶん出会い、話を聞いた。自分から「話を聞いてくれ、参考になるから」と売り込んできてくれる人もいた。ハッピーな仕事人生を送っている人は、ワクワク感や充実感が伝わってくるし、ある種のオーラがある。若々しく、目も輝いている。

両者の違いはどこから生まれるのか、両者を隔てるものは何なのかに興味を持った私は、まず自身のキャリアを振り返って分析し、『やりがいある仕事を市場原理のなかで実現する！』（光文社、２００８年）という単行本にまとめた。自分自身、キャリアの満足度は高いからだ。

そのうえで、特に満足度の高い30代ビジネスパーソンの取材をさらに重ね、歩んできたキャリアを尋ね、既存のキャリア研究書（ほとんどが時代に合っておらず、米国の事例紹介が多い）にも一通り目を通した。

その結論は、働く側にとって重要なキャリア目標、つまりハッピーキャリアの法則は、次に集約される、ということだった。

「コア動機」と「コア能力」、この二つを拡大・交差させた部分で「現実の仕事」を得る

キャリア研究の重鎮である米国の心理学者エドガー・シャイン氏は、「動機」と「能力」に加えて「価値観」をあげ、この三つ（動機、能力、価値観）と向き合うことがキャリアの基礎を作る、と論じている。

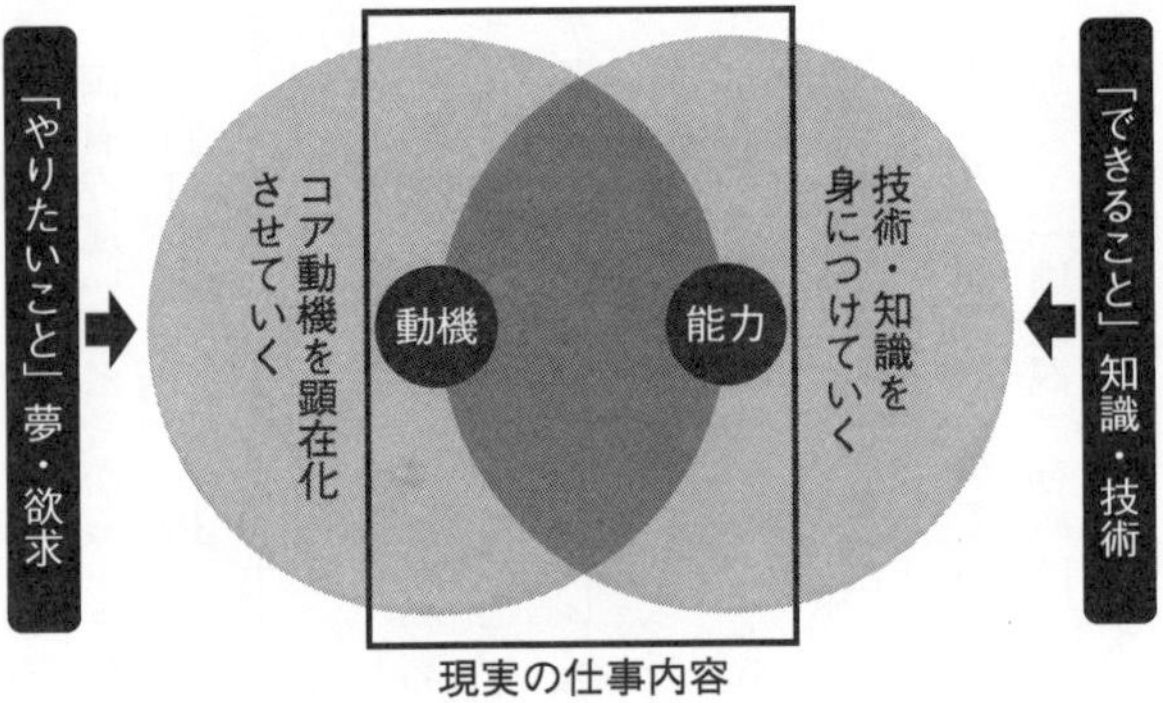

本書のキャリアフレーム

これは私も理解できるが、**「価値観」**（自分は何をやることに価値を感じるか）と**「動機」**というのは、学術的にはともかく、現実的にはほぼイコールと考えてよいので、わける必要はない。価値を感じるからこそやりたいと思う（動機がある）のであり、価値がないと思うことは当然、やりたくない（動機が生じない）。価値観とは、動機の中心である「コア動機」の背後にあるもの、と考えてよい。

むしろ、自分の動機と能力がわかったところで、両者が交差するところを見出し、かつ、その部分で**「いかに現実の仕事を得るか」**こそが、三つめとしては重要である。なぜなら、我々は当然ながら、現実社会で職を得て、収入を得て、生活費を稼がねばならないからだ。

①動機＝Ｗａｎｔ＝やりたいこと（夢・欲求）
②能力＝Ｃａｎ＝できること（知識・技術）
③現実の仕事＝Ｍｕｓｔ＝やらなきゃいけないこと（仕事内容）

この「現実の仕事」は人の内面ではないので、動機・能力とは並列ではない概念だが、この三つを合致させ、その面積を拡大していくことこそが幸せなキャリアの目標だ、というのが私の結論である。

†動機は「やりたいこと」

それぞれ簡単に説明しよう。

動機というのは、「やりたいこと」だ。俗に、夢や欲求などとも近い。短期的なノリや気分にすぎない「やる気」とは違うし、単にその仕事が好きだ、とか、憧れを持っている、というのとも違う。

たとえば「自分は海外旅行が好きだからＪＴＢで働きたい」といった短絡的な憧れがＪＴＢを学生の人気企業ランキング１位にしていると考えられるが、これでは動機を見誤る。実際の仕事は、ケース②Ｂさんの例からもわかるとおり、**泥臭いドブ板営業による新規開**

拓だったり、国内修学旅行の添乗&学生の見張り番だ。合致する動機は、「一カ月単位の目標営業数値に対する達成感」だったり、クライアント（企業、学校）からの感謝動機（感謝欲）だったりする。これらは、実際に働いてみないとなかなか理解できない。

ケース①Aさんの例でいえば、それは権威志向であり、働きはじめて、金融庁の検査官とのやりとりのなかで顕在化したものだ（28頁）。働いたことがない学生がいくら頑張って自己分析を重ねたところで、たかが知れている。Bさんの例でいえば、激務のなか「このままでよいのか」と自問自答していたところ、たまたま仕事で訪れたドイツで聞いた講演でピンときた体験が、動機を揺さぶり、キャリアの転機となっている（50頁）。

もちろん、学生時代から強烈にやりたいことが決まっている人も中にはいるが、このように、ある日突然、ある事象にぶち当たって、琴線に触れるような体験をし、それまで心の奥底に眠っていたコア動機が顕在化することは多い。

†能力は「できること」

能力というのは、「できること」である。俗にビジネスパーソンが「あなたには向いていない」と言われる場合、その多くは、能力不足に対して言われる。一般には、机上やOJT（On the Job Training）で獲得する知識や技術（これらを総称してスキルと呼ぶ）、また、それを一定の基準で証明するはずの資格や免許を指す。

本書では特に、15歳くらいまでに固まって以降は変化しないと言われる先天的な「才能」に紐づくものを、「コア能力」と定義する。才能=比較優位の「資質」、である。

才能こそ、コア能力である。なぜなら、才能のないところでいくら後天的な能力をアップさせようとしても効率が悪く、他者とのビジネス上の競争のなかで不利な戦いを強いられるだけだからである。土台が貧弱なところでいくら頑張って積み上げてみても、たかが知れており、優位に立てるはずがない。

地銀のAさんについて言うなら、コア能力は数字に対する強さで、気づいたのはソロバン塾に通っていた小学校時代だ。それが本当のコア能力なのかは、神のみぞ知る。実は、ほかに隠れた才能があるかもしれない。それでも、キャリア人生は時間との戦いで、限られた時間のなかで見出せる能力のなかから発見するほかないのだから、少なくともそう思い込めるだけの客観的な何か(ソロバンで特進クラスに難なく上がれた。受験で数学ができた……)があればよい。

旅行のBさんの能力は、広島県人らしい朴訥としたどっしり感、信頼感である。話し下手で、一見、営業向きでなかったBさんだが、実は、企業向けの金融のような高額取引では、朴訥さがむしろ強みになっていた。それが自分で認識できたのは、最初の旅行商品の法人向け営業や、添乗などハードな仕事を与えられるなかで、次々とこなせて成果をあげられる自分に気づいたからである。どんなにやっても、向いていない人、ダメな人はついていけない。

実は、価値観に裏付けられた「コア動機」と、才能に紐づく「コア能力」は、ともに、ほぼ生まれ持ってのもので、20代以降に自らの意志で変えられるものではない。動機が魂(spirit)の領域なら、能力は天賦の才能(talent)の領域だ。動機がheart、能力がmindと考えれば、理解しやすいかもしれない。従って、両者とも、その根本は外部から与えられるのではない。動機は、「発見」し、「顕在化」させ、その目標とするバーの高さを上げるべきもの。能力は、才能や資質を見出し、磨いてゆくべきもの、である。

†現実の仕事内容

三つめの「現実の仕事内容」とは、文字通り、実際に企業や組織のなかで担当を命じられる業務内容である。多くの人が企業で受けるキャリア関連の研修は、この「現実の仕事内容」が大前提の基点になっている。つまり、与えられた仕事のなかで、やりがい(動機)を見つけよ、そうすれば能力が身につくのだ、と。経営者が若手社員向けに書いたキャリア本(丹羽宇一郎『人は仕事で磨かれる』など)は、そういう論調が多い。

多くの自己啓発セミナーでも、そう教えるだろう。何に対しても前向きに取り組め、目の前の仕事を一生懸命がんばるのだ、無駄な仕事なんか世の中にはないのだ、と。

だが、これらは戦後のパラダイムを引きずっており、間違っている。**企業という器自体が消滅したり売却されたりする変化の時代に、企業を中心に社員個人のキャリアを考えるなど、本末転倒である。**「ポスト戦後」時代においては、企業は、社員の一生を保障できない。ようは、会社が与えた仕事を黙々とやらせるほうが、短期的には会社にとって都合がよいから、社員にそう思わせたいだけだ。

AさんもBさんも最初の会社を3年前後ですっぱり辞めているわけだが、もし残っていたら不幸なキャリアを歩んでいただろう。中心に置くべきは、あくまで個人の「動機」と伸ばしたい「能力」、この二つである。現実の仕事が、いずれにもかすらないと思ったら、さっさと社内で異動するか、他社に移って「現実の仕事」を変えなければ、貴重な人的資本のポテンシャルを失うことになる。

†やりたいことをやり続けて不幸になるケース

では、なぜこの三つは交差している必要があるのか。

ある人が、3年以上のキャリアなのに漠然と「どうも今の仕事は自分に合わない、しっ

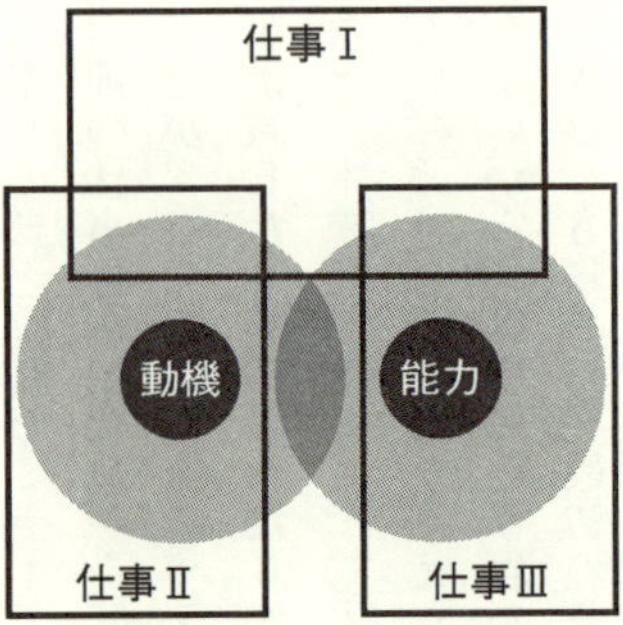

- 仕事Ⅰ：
  「やりたいこと」でも「できること」でもない
- 仕事Ⅱ：
  「やりたいこと」ではあるけれど、「できること」ではない
- 仕事Ⅲ
  「やりたいこと」ではないけれど、「できること」ではある

動機と能力と仕事の関係

くりこない」と感じている場合、上図の三つのパターンが考えられる。

仕事Ⅰ：今の仕事が「やりたいこと」でも「できること」でもない。このまま続けてみても、コア動機にもコア能力にもかすりそうもない。これが不幸なのは当り前で、説明の必要はないだろう。配属を決めた人事部門が無能だったり、本人のアピールが足りない場合に起こる。

速やかにこの図を人事部の人に見せて、「お互い不幸なことは止めるべきだ、私はいつまでに異動できるのか」と交渉に入り、半年以内に動けないなら、転職・転社すべきである。

仕事Ⅱ：「やりたいこと」ではあるけれど、「できること」ではない。同じ仕事をやっているのに、同年代の同期入社組と比べて、明らかに上達しないと感じる。

スキルアップが遅い。会社から評価されない。

これは、やる気はあるのだが、決定的に才能に欠けている場合である。たとえば、プロデビューを夢見て、40歳になっても駅前で下手なボーカルを流し続ける迷惑なバンドグループ。やる気はわかるが、アーティストは才能がないといくら努力しても開花しない。趣味としてやっている分には構わないが、仕事にはなりえない。

同様に、会社内を見回せば、やる気満々だけどいつもカラ回りしているタイプが、1人はいるだろう。私が外資のコンサル会社にいたとき、やる気満々なコンサルタントがいた。やる気については、皆が認めていた。プロジェクトマネージャーがある仕事を頼むと、馬力に任せて、徹夜で資料を数百ページも作ってくる。だが、ポイントを外しているため、まったく使える部分がない。やる気はあるが、センスはないのだった。結局、何度かチャンスを与えられるが、結果が出ないから昇進できず、辞めていった。

コンサル会社はよく「センスがあれば若くても活躍できます」とリクルーティング活動でPRするが、まさにこのセンスの部分が能力であり、才能である。そしてこれは一緒に働いてみないとわからないから、採用する側としても、とりあえず採用して、ダメだったら辞めてもらう、という仕組みになっている。私がいた会社では、中途組は半年で半分くらいが辞めていた。

外資コンサルのような、市場原理が激しく機能する組織では、このように自然淘汰される。これは本人にとっても次に才能を活かせる仕事にチャレンジするチャンスが強制的に与えられるので、よいことだ。しかし多くの日本企業では、終身雇用で家族主義的なカルチャーも併せ持つため、淘汰されぬまま、だらだらと組織に残ってしまう。これは組織にとっても個人にとっても、不幸だ。

本来は「機能体」（株主のために利益を上げる機能を持つ）であるはずの企業が、日本企業の場合は「共同体」（家族や地域社会）的な要素が強いため、仕事ができないまま、年功序列でどんどん地位や権限だけが拡大していくケースが、往々にして起こるのである。皆さんの周りにも、**「えっ？　コイツ部長？」**みたいな上司がいるだろう（私が日本企業に在籍していたときには沢山いた）。

しかも、本人はなかなか気づかない。何しろ、客観的にはできていなくとも、「やりたいこと」をやっているから、自己満足度は必ずしも低くない。だが、会社にとって害悪であるだけでなく、本人にとっても不幸だ。能力がないのでは何事も為しえないし、もっと他の才能が眠っているかもしれない。

こういうタイプの人は、機能体の最たるものである軍隊では、どうなるのか。ドイツ陸軍を再建した立役者として知られる軍人、ハンス・フォン・ゼークトが提唱したものとし

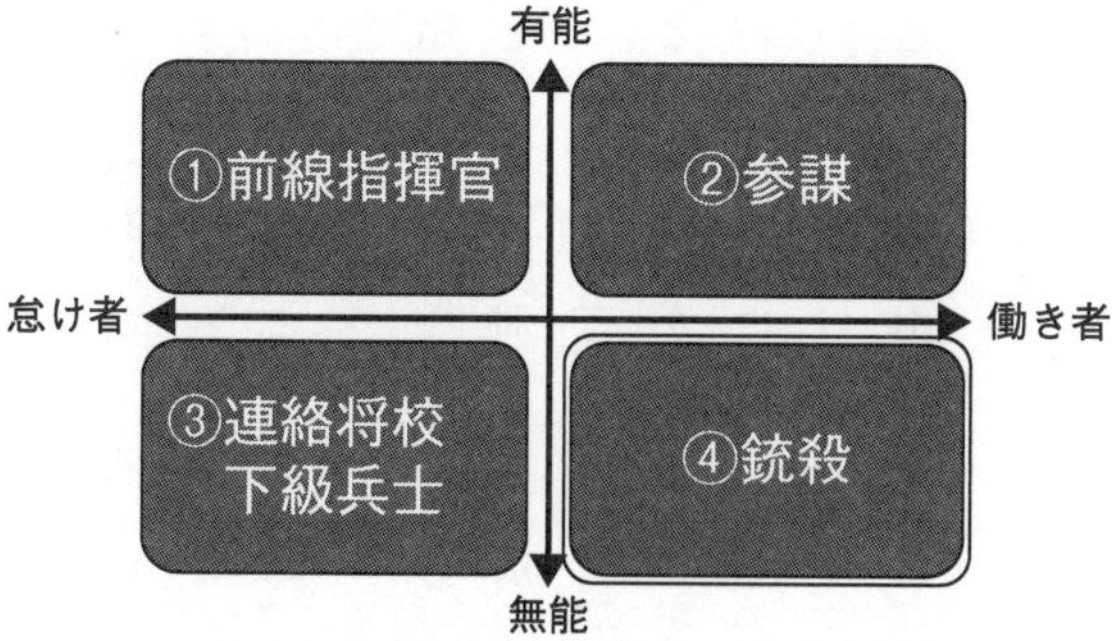

ゼークトが提唱したと言われる軍人の分類

て一般に流布されている有名な理論がある。ゼークトは、本書と同様、「動機」と「能力」に注目しており、その有無で、部下である軍人たちを、4種に分類している。ここでは動機については、働き者か怠け者か、という「やる気」と表現されている。

①有能な怠け者（能力アリ、やる気ナシ）。これは「前線指揮官」に向いている。自分が怠け者だから、部下の力を発揮させることに注力し、どうすれば部隊がラクに勝てるかを考えるため。

②有能な働き者（能力アリ、やる気アリ）。これは「参謀」に向いている。勤勉だから自ら考え、実行しようとするため、部下を率いるより参謀として司令官（自分）を補佐する方がよいため。

③無能な怠け者（能力ナシ、やる気ナシ）。これは「連絡将校」や「下級兵士」に向いている。自ら考えて

動こうとせず上官の命令どおりに動くため。

④無能な働き者（能力ナシ、やる気アリ）。これは銃殺するしかない。働き者であっても、無能であるために間違いに気づかないまま実行し、さらなる間違いを引き起こすため。

仕事IIは、この④である。共同体的な日本企業では銃殺（リストラ）されないばかりか年功序列でエラくなっている人もいるから、どんどん傷口を拡大させ、組織を蝕んでゆく癌細胞のような存在になる。会社にとってはもちろん不幸なことだし、本人も、別の能力を発見して、別の業界、別の職種に移るべきなのだ。

ときどき、「趣味を仕事にしてよいのか」「どこまでやりたいことを追いかけるべきか」といった質問を受けるが、その答えも右記に同じである。好きなことをやり続けていれば、いつか専門家になって、その道で食べられるようになって……という理論を展開する人もいるが、それは嘘である。才能や資質のないところ、強みのない分野で戦って生きてゆけるほど、世の中は甘くない。この「能力」については、第5章で詳述する。

†できることをやり続けて不幸になるケース

仕事III：「やりたいこと」ではないけれど、「できること」ではある場合。

仕事IIとは逆に、動機はなくとも、才能があるために、そこそこ仕事がデキてしまう場合がある。こちらも厄介である。なにしろ、会社はカネ儲けに貢献さえすれば評価してくれるから、客観的には成功しているように見える。社内で居心地が悪いわけでもない。でも、何かが違う、と心の奥底から「内なる声」が聞こえるのだ。

経営学者として有名なピーター・ドラッカーも、この問題で悩んだ1人である。

私自身、成功していたことと、自らの価値観との違いに悩んだ。一九三〇年代の半ば、ロンドンの投資銀行で働き、順風満帆だった。強みを十分に発揮していた。しかし、金を扱っていたのでは、世の中に貢献している実感がなかった。私にとって価値あるものは、金ではなく人だった。自分が金持ちになることにも価値を見出せなかった。大恐慌のさなかにあって、他に仕事の目当てがあるわけではなかった。だが、私は辞めた。正しい行動だった。

——『プロフェッショナルの条件』ダイヤモンド社

ドラッカーは「価値」という言葉を使っているが、これは前述したとおり、動機の中核を成す「コア動機」の裏にあるものだから、「能力の適性はあったが動機はない」という

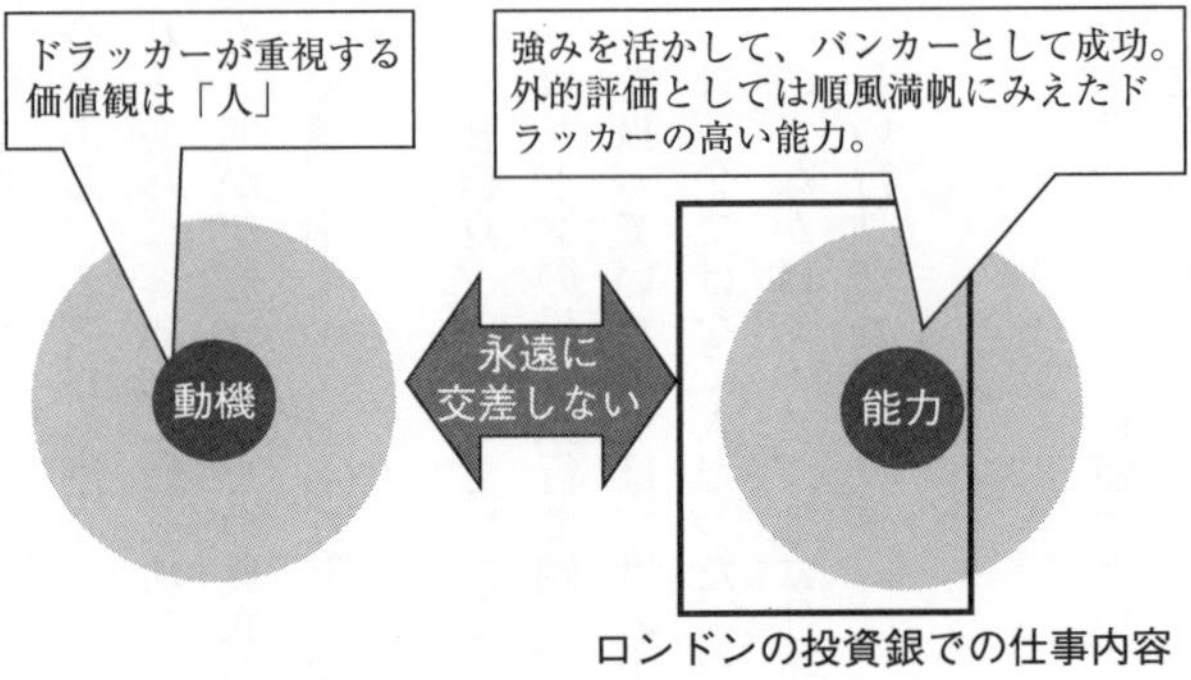
ドラッカーが重視する
価値観は「人」
強みを活かして、バンカーとして成功。
外的評価としては順風満帆にみえたド
ラッカーの高い能力。
動機
永遠に
交差しない
能力
ロンドンの投資銀での仕事内容

ドラッカーの動機と能力と仕事

仕事内容だったために、辞めざるをえなかった、ということである（上図参照）。

外資証券マンは、この種の悩みを抱えている人が多い印象がある。また、外野からは確実にそう思われていて、「ハゲタカ」などと表現される。一流MBA卒の就職先としてよく対比されるコンサルと証券だが、確かに仕事内容で考えると、コンサルに比べて証券は、特にマーケットを相手にする部門を中心に、カネ儲け以外の動機を見出しにくい。

できること、得意なこと、というのは他人から賞賛を浴びやすいため、勘違いが起こりやすい。だが、体は正直だ。やりたくない仕事をずっとやっていると澱のようにストレスが溜まってゆき、ある時点で無理が爆発して「燃え尽き症候群」に陥り、廃人的になってしまう可能性もある。

仕事というのは、やってみないとわからないものだが、やってみればわかるものだ。自分の動機に合わない、価値観にかすりもしない、と思ったら、短時間の仕事でも苦痛を感じ始めるものだ。これは、「やりたいことであれば時間を忘れて没頭する現象」の、真逆である。

私が転職活動の面接で出会ったコンサル会社「ベイン&カンパニー」の幹部社員は、こんなことを言っていた。「僕はね、会社に命じられても、頼まれても、軍事産業と暴力団関係の仕事は、やらないことにしているんだ」。これは、能力はある（だから頼まれる）が、動機はない、特にコア動機の裏側にある価値観に反する、ということである。この人がサラリーマン的に軍事産業のプロジェクトをやらざるをえない状況が続いたら、いくら稼げたとしても、不幸な人生だろう。悔恨の念に包まれた老後になるかもしれない。

では、このドラッカーのケースでは、動機と能力が交差する部分で仕事を得るとは、どういうことか。たとえば、もしドラッカーがまだ生きていて、ゴールドマンサックス証券に勤めているとしたら、同じグループの「ゴールドマンサックス財団」への異動を果たし、バンカーとして身につけた能力をフルに活用しつつ、世の中の人々に貢献していることが目に見えてわかる非営利組織（NPO）をサポートする融資事業の担当者になれればよい。報酬水準は下がるだろうが、「カネではなく人」だというのだから、何の問題もないわけだ。

†パンのみにて生きるのか

このドラッカーの例を読んで、「なに贅沢なこと言ってるのだ」的な反応も予想されるので、もう少し説明する。このモデルは「ポスト戦後」のキャリアモデルである。戦後、焼け野原から復興するにあたっては、物質的に豊かになることが、多くの国民にとって、唯一最大の動機だった。そして、右肩上がりの成長を続ける社会においては、明日は今日よりもよくなるのだから、仕事を辞める必要がなかった。「働かざるもの、食うべからず」の時代だ。

それは、今の中国における内陸部の人たちも、同じ状況だろう。だから中国の人たちには、このキャリアモデルはまったく当てはまらない。日本で、いわゆる「団塊の世代」が3年で会社を辞める若者に対して「わがままだ」などと感じて理解を示さないのも、同じ理由による。

だが、もはや食うに困る時代ではなく成熟社会になったのだから、カネ儲けを目指して人生を終えるなど、空虚でしかないのだ。

有名なマズローの「欲求段階説」（欲求は下位のものが満たされてはじめて上位の欲求を志す）は、一人あたりGDPの増大に比例する。インド・中国などいわゆる新興国の人々は、

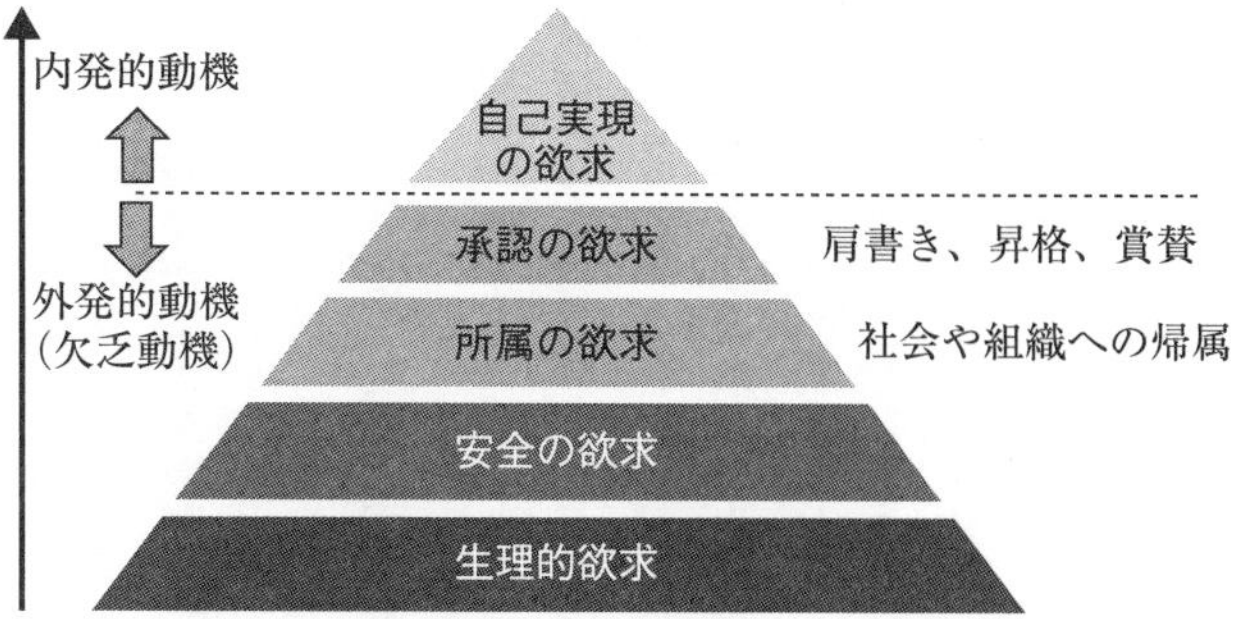

マズローの欲求段階説

まだ下位の「生理的欲求」「安全の欲求」が満たされていない人が多い。一方、欧米へのキャッチアップを終えた日本は、最低限の衣食住が満たされ、吉野家、マクドナルド、ユニクロなど低価格でも品質の良いものが身近にあり、極めて治安もよく安全だ。日本人の大多数は既に下位を満たし、上位の欲求に関心がある。

「人はパンのみにて生きるにあらず」が強い意味を持った社会に、段階がシフトしたのである。国の成長が止まったことで、国民1人1人が働く意味を考えねばならなくなり、**働くモチベーションを維持するコストが上がったのだ。**

さらに言えば、現代の若者は、右肩上がりではない不安定な成熟社会を生きねばならない。会社は倒産もするし、事業ごと売却されることもあるし、リストラもある。同じ仕事をずっと続けることは難しいのだから、動機について考えることが不可欠となった。

動機に基づかない仕事は長続きしない。そして当然ながら、「動機がない＝やらされ仕事」をいくらやっても、魂の入らない仕事である以上、本当のプロにはなれないのであり、全体のパイが増えないゼロサムゲームの成熟社会においては、競争に勝ち残れない可能性が高い。

†社会人10年目までに三つを一致させる

次に、タイムスパンとの兼ね合いを考えよう。第2章の俯瞰図でも述べたとおり、ここには、日本特有の問題がある。つまり、正社員が法律で過剰に保護され解雇されない、ということだ。これは一見、いいことのようにも見えるが、日本のように既に右肩上がりの成長が止まり人口も減少に転じた成熟経済においては、正社員の椅子の数が増えない以上、椅子を求めての再チャレンジが困難であることを意味する。

しかも、歳をとるごとに困難さは加速度を増す。40歳を超えたら、よほどのことがない限り、正社員として新規採用されることは難しい。何しろ企業経営者は、雇用を守ることを判例によって義務付けられ、若者のために椅子を空けようと解雇したら、裁判で負けてしまう。倒産寸前にならない限り、人員整理をできない。ここが米国等とは決定的に異なる。

私は、何歳になっても再チャレンジしやすい社会のほうが活力があってよいと思うし、グローバル化にともない産業構造の変革を断行しなければ国際社会で生き残れない日本企業においては、むしろ企業の枠をまたいだ人的資源のドラスティックな新産業への移転が必須と考えている。

だが、正社員の既得権集団である労働組合の最大組織「連合」が強烈な政治力を持っているために、特に自発的な異動者がいなくなる40代以降は、正社員の椅子にロックがかかり、外部からの参入が難しいのが現実だ。したがって、30代後半までにいったん決めたレールを変える作業は、困難を極める。

若いほど人的資源のポテンシャルは高いから、路線変更しても能力開発がしやすい。よって、日本国内で働くならば、勝負は20代後半までに決まると考えてよい。20代後半までに、コア動機を顕在化させる。そして30歳前後までにコア能力を発見し、能力開発に勤しむ。この時点までは、両者（動機・能力）を別々に拡大させてもよい。だが異動が困難になりはじめる30代半ばには、両者の交差地帯で仕事ができるよう、必要に応じて社内異動や転職をする。そして、満を持して40代を迎える（第2章43頁の図参照）。

つまり大卒ならば、社会に出て10年後、30代半ばまでに、「動機」「能力」「仕事内容」の三つを一致させることを目標とすべきなのである。

自分が磨いた能力を活かせて、かつコア動機を満たす仕事内容に、社会人10年目までに就く

私自身、この三つを合致させるのに、社会人になって約10年をかけた。最後は、規制業種ということもあって既存の会社には該当する仕事がなく、自分で職場を作るしかなかった。ケース③では、私自身のキャリアを説明しよう。

ケース③　筆者のキャリア（私大／文系／男性）——「ない仕事はつくるしかなかった」

私の場合、大学・学部選びの時点でかなり動機が明確だった。一浪してまで総合政策学部にこだわって選んだのは、国の政治や政策に興味があったからだ。ディベートのサークルに入り、政策関係の授業を積極的に選択。授業で行ったディベート大会ではチームの準優勝にかなり貢献した。ゼミも「アメリカの政治から日本を見る」といったテーマだった（教授は草野厚氏）。

だが、政治で食べていくのは難しいことがわかった。政策秘書から議員へ、というキ

ャリアは明らかに時代遅れで、松下政経塾に見られる「気合と根性」のカルチャーも古いと感じたし、日本は米国と違って民間のシンクタンクの研究員になっても、政策決定に影響力がない。

ゼミの先輩はメディア企業（新聞・テレビ）への就職が多く、私としても、メディアが国民の意識を形成し、支持率や選挙を通して政治に影響すると考えていたので、政治を変えるにはメディアの在り方を変えなければいけないと考えた。もっとディベートの要素を取り入れたテレビ番組が増えれば、有権者の政策に対する理解が深まり、日本の民主主義を成熟させることができるはずだ、だからテレビを変えねばならないのだ、と。

だが、テレビは普通に落とされ、次に影響力が大きい新聞を受けることに。経済や経営がわからない政治家などダメだと考えていたので、購読していた日経が第一志望だ。朝日新聞にはエントリーすらしなかった。特に対策は何もしなかったので落ちると思っていたが、作文や論文もたまたま書きやすいテーマが出て、面接も2回（部長、役員）だけで、あっけなく内定した。たまたま人事部採用グループの中堅社員に高校の先輩がいたことも影響したかもしれない。縁を感じた。

†記者時代（23歳〜）

配属は福岡で、一番遠い支社に1人で飛ばされた。そして定石どおり、警察担当からスタート。1年目の記者は死ぬほど現場で働かされるから、そのなかで、動機は否が応でも、鮮明になった。私にとっては、意義を感じられない仕事があまりに多かったのだ。私がいま、自分が編集長を務める『MyNewsJapan』でやっているような独自の調査報道的なものは一切やっておらず、いずれ発表される話（容疑者の血液型がどうとか、いつ強制捜索するとか……）をいかに前倒しで報じるか、に膨大な時間を費やしていた。

発表される話など、放っておけばよい。仲良しクラブ内で速報ゲームに興じていても世の中はよくならない。そこで、どうしてこうなっているのか、という疑問を解消するため、新聞業界の先輩たちが書いた本を読み漁った。今でも思い出すのは、1年目に福岡空港で飛行機炎上事故（ガルーダインドネシア航空）があり、生き残った機長が入院する病院前の「張り番」仕事の最中、ずっと文庫本を読

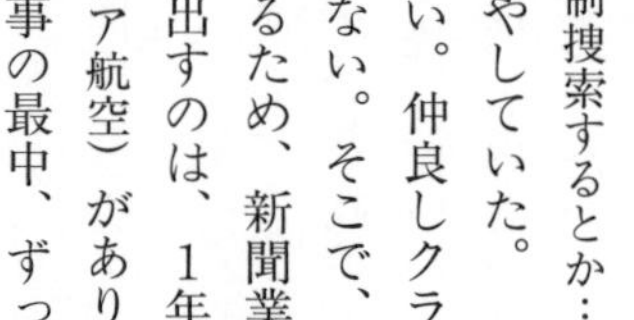

［新聞記者時代］会社と対立するなかで、学生時代からの動機が明確に。能力としては、3年間、ほぼ毎日、記事を書くことで、取材・執筆の能力が向上。文章力は自分のコア能力であることに気づく。両者が交わらないため、離職を決意。

んでいた風景だ。その時代に読んだ、立花隆『アメリカジャーナリズム報告』や本多勝一『滅びゆくジャーナリズム』など20冊ほどは、未だに捨てられない。

2年目、3年目と企業取材を担当したが、構造は同じだった。わかったことは、業界全体が、記者クラブや再販といった規制に守られ、競争原理が働いておらず、このような仕事のスタイルは世界中で日本と韓国（2000年以降、韓国は記者クラブが開放された）くらいの話であること。新規参入がないから、「ブンヤ」時代の軍隊カルチャーが温存されていること。権力側（警察や企業）と癒着していずれ発表される情報を貰うほうが（社長人事など）、権力側が隠している情報を調査報道で明らかにするよりも評価が高いこと。従ってこの業務は、国をよくする、よい政策、よい政治を実行する、という漠然とした自分の動機に、明らかに反するのだった。

ウォーターゲート事件をスクープした『ワシントン・ポスト』のウッドワード記者のような「よい仕事」は、この組織にいたらできそうにない。朝日新聞はリクルート事件をスクープしたが、日経にはそのような実績がないばかりか、未来において調査報道でスクープを生み出すカルチャー自体がない。それは、働いてみて、組織の空気を吸って、実感できた。

自分にできることは何かと考え、まず新聞業界の改革は必須だから、現場で感じた問題点を『新人記者の現場から』と題して、ウェブで週1程度で報告することにした。今でいうブログだ。記述内容は、結果的に記者クラブ問題が一番多くなった。それをまとめたものを『小学館ノンフィクション大賞』に応募して途中まで選考に残ったため『週刊ポスト』に名前が掲載され、「途中経過で公表されるのはマズい」と思ったこともあった。「焦り」に突き動かされていた。

だが、会社はまさに利権に関わる情報が外部に出ることに敏感で、ウェブの「完全閉鎖」を命じてきた。話し合いもないまま、いきなり懲戒処分をしかけてきたので、後に取り消しを求める裁判までやるはめになる。会社に個人ブログを閉鎖させる権利などないし、記者に言論の自由がないというのは、今でもおかしなことだと思っている。

自分の「動機」に反してまで会社に居座っても不幸だという確信があったので、正しい行動だった。会社は報復人事で、4年目の春に資料部という内勤部署に異動させた。しばらく記事も書けないから能力が開発されないし、人事権を持つ会社と戦っても無意味だし、そもそも自分の動機に合った仕事が組織内になかったので、悩むことなく転職を決意した。

†外資コンサル時代（27歳〜）

転職先をコンサル業界に定めたのは、自分の動機である政策決定や政治の分野で貢献するには、問題解決力が不可欠と考えたからだ。都知事選に出馬していた大前研一氏がコンサルタントのキャリアで政策提言を続けていた影響もあった。

転職活動を始めてわかったことは、記者のスキルは、業界の外に出るとほとんど評価されないことだった。結局、戦略系のコンサルは引っかからず。面接で感じたのは、その場で瞬時に答えをひねり出すような、頭の回転の速さや地頭の良さを求められているのだが、私にはその才能がない、ということだった。私は、じっくり時間をかけて深く考えることしかできないのだ。

10通ほどの不採用通知を貰い、自分はコンサルには向いていないのだろう、と思い悩んでいたところ、12、13社目に外資の**プライスウォーターハウスコンサルタント**（現在は日本IBMのコンサル部門に統合）に引っかかった。その「ABM事業推進部」が1年で3倍に拡大する勢いで伸びており、とりあえず20代で大卒なら誰でも的な感があった。運がよかったのだ。

コンサルには27歳から結果的に5年間も在籍し、アップ・オア・アウト（昇進できなければリストラ）的な世界で一応、マネージャーまで昇進して生き残ったから、それなりに能力には適性があったようだ。中途入社組は半年で半分がいなくなり、3年ほどで次に転職していくのが平均だった。

コンサルは商社と同じく、ヒトが命の産業。メーカーのようにモノや生産設備はないし、新聞のように紙もなければ、テレビのように電波もない。従って、ヒトに投資する。3カ月程度のプロジェクトワーク（実務）の合間に数日間の研修を受けるという理想的なサイクルで、経営理論やロジカルシンキング、エクセル・パワーポイントといったツール類の能力が、短期間で身についた。

コンサルは、プロジェクトチーム内で問題の解決策や顧客への提案などを日々、議論する。その際、ポジションや年齢は関係なく、発言内容によって各自の実力はてきめんに見えてしまう。コンサル業界には頭のいい人が多く、若くしてエラくなっている人が必ずいる。確かにそういう人には勝てないと思ったが、そこそこやっていくことは可能だと思った。学生時代のディベートの立論で発見された論理的思考力が、強みとして見えてきた。

だが、シニアマネージャーに昇進し、コンサルとしてのキャリアを磨きたい、とは思わなかった。動機がなかったのだ。一企業のた

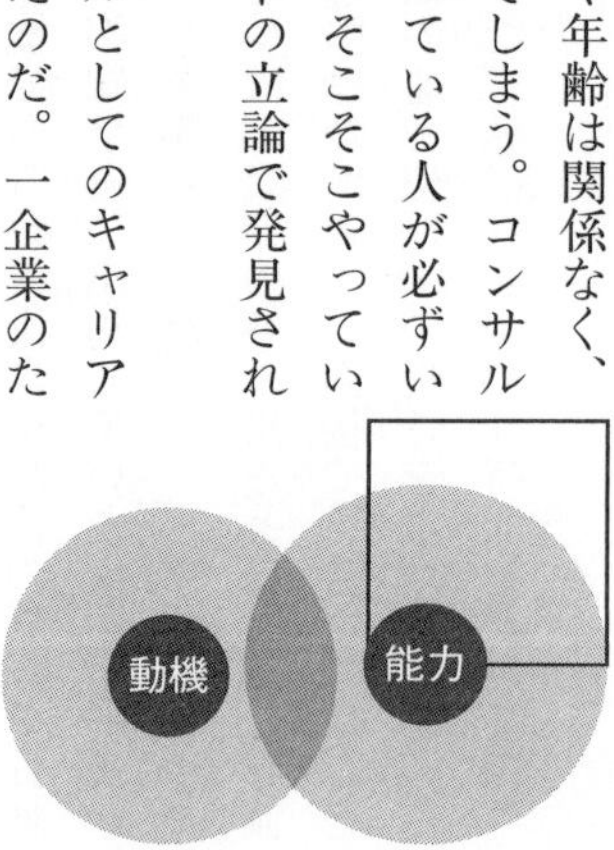

［コンサル時代］能力は、問題解決力や経営理論、データ分析力などが身につく。だがコンサルの仕事内容は、マスを相手にしたい自分の動機に合致しない。動機と能力が重なる部分は、現実社会では見当たらず、従って、自分で創るほかない、と決意。

めに全力で仕事をするコンサルという仕事は、社会全体や国全体といったマス（大衆）を相手に影響力を行使したい自分の動機とは、まったく合わないのだった。

コンサルの問題解決力は、本来のジャーナリズムの世界で取材・執筆する際にも役に立つ。記者として開発した能力、コンサルとして開発した能力を活かし、よりよい政策の実現という動機に合致した仕事に就ければ一番よい。米国の新聞なら、私のキャリアは歓迎されただろう。だが日本の新聞社は全て画一的で、中途で他業界の経験者を採用することはなく、新卒一括採用の終身雇用。規制産業で新規参入がないということが、いかに人のキャリア人生を苦しめ、世の中の活力を奪っているのか、を実感した。

30歳となり、真剣に今後のキャリアを考えた。ちょうど『金持ち父さん貧乏父さん』がベストセラーになっており、サラリーマンを続けるかどうかも含め、検討した。ないなら創るしかない——。友人とともに、独立・起業の決意を固めた。

[独立後] 記者とコンサルの 8 年間で開発し続けてきた能力、学生時代からの動機の接点には、現実社会の仕事が存在しなかったため、自ら起業して、仕事を創った。既存の企業で実現できればもっとラクだったが、規制だらけの日本の社会では、往々にして、このような困難がともなう。

†独立後（32歳〜）

2004年2月に今の会社を創り、10月に退社し、11月に幻冬舎から本が出て、これまでに7冊ほど本を出した。ニュースサイト事業も2008年には会員数1500人を突破し、軌道に乗っている（光文社から2008年に出した本に、この間の詳細を書いた）。

独立する人は、往々にして大企業の下請け的になり、やりたくない仕事（＝動機がない仕事）も食べていくためにやらざるを得なくなるものだが、私の場合はコンサル時代からビジネスモデルをかなり精細に構築し、半年間は兼業していたためリスクは少なかった。また、独立後の一番大変な時期である2004年からの3年間が、ちょうど小泉改革で景気が上向きだったこともあり、多忙ながら順調に収入は伸び、日経新聞でいえば執行役員くらいにはなっている。

いまや、動機に合致した仕事以外はやらなくてよい立場なので、動機と能力の接点で仕事ができている。これは、まさにハッピーなキャリアだ。今後は、さらに国の政策に深く関われるようなポジションに向かって、仕事内容の幅を拡げていくことが目下の課題である（本書は政策提言の一つという位置付けだ）。

私の場合、動機がかなり明確だったわけだが、難しいのは、動機というものが、普通は、そう簡単にはわからない（眠っている）ケースが多いことである。第4章では、自分の動機を明らかにするために何をすべきなのか、深堀しよう。

第４章
動機を顕在化するには

あなたのコアとなる動機は何ですか？　仕事人生のなかで本当に実現したいことは？と聞かれて、惑わずに自信を持って答えられる社会人など、孔子が「不惑」と述べた40歳の人たちであっても稀だろう。本章では、動機の発見と顕在化について、詳細を述べる。

†避けて通れない問題

自分は何者であって、人生において何を為したいのかなど、あまりに難しい問題すぎて、考えたくもない。真剣に自分と向き合わねばならないから、しんどすぎる。だが、ことキャリアの成功、幸福のキャリアについて考えるならば、避けて通れない問題だ。

しかも、優秀な人ほど悩みは深くなりがちである。なぜなら、能力（ポテンシャル）の高さによって採用試験で受かりやすいため、選択肢が多く、本来の自分の内なる動機とは異なるもの（周囲の期待や他人の評価、高い給与など）に惑わされがちだからである。

私が取材しているなかでも、「30代に入ったが、まだ熱中できるものが見つからない」といった悩みを打ち明ける人は多い。以下のケースも、そんな一人だった。

ケース④　外資証券のCさん（私立／文系／女性）——「趣味は趣味でしかないんだな、と」

†最後は「人」で選んだ就活

Cさんが在籍していた法学部の法律学科は、司法試験を目指すゼミと、そうでないゼミで大きく二つに分かれ、司法試験組のほうが多いくらい。Cさんは「目指さない組」に属し、M&A（企業の合併と買収）法制を専門に勉強していた。

その関係で、ゼミの先輩は外資金融が多く、情報は入ってくる。先輩の話によれば、ゴールドマンサックス証券（GS）は意外に日本的なところがあって組織主義的で自分には合わないと感じ、メリルリンチ証券、JPモルガン証券、モルガンスタンレー証券の3社のスプリングジョブに参加した。スプリングといっても1月、まだ冬だ。同じく早期に選考が始まるテレビ局のアナウンサー試験も受けたが、全て落ちた。

ジョブといっても、事実上の採用試験である。部門別採用だから、M&A専攻イコール、IB（Investment Banking＝投資銀行）部門での採用だ。JPのジョブでは、ディベートもあった。テーマは「日本でTOB（株式公開買付）は定着するか」など。「コミュニケーション能力を見ていたのだと思う」（Cさん）

スプリングジョブへの参加条件がTOEIC850点とハードルが高く、続いて実施される面接（4人）も英語で行われるから、英語は必須だ。M&A法制を専攻し英語でコミュニケーションができる女性はそうそうおらず、内定は容易かった。メリルも内定し、それを知らせるとモルスタは1日で入れ代わり立ち代わり8人の面接がセットされたが、CさんはJPを選んだ。「自分に合うかどうか、最後は人で決めた」という。

外資金融は、入社したら一緒に働くことになる部門の人たち全員と、事前に面接をして十分に情報交換をする。従って、入社前後のギャップは少ないはずだった。内定が2月だったため、邦銀はまだ選考が始まっておらず、比較すらできない。「人」に加え、選考時期が早く、内定を貰った会社を待たせるのも申し訳ないと思ったのも、決めた理由の一つだった。

†外資証券（23歳〜）

志望動機について、Cさんは言う。「同じゼミの人たちとは、まず外資でスキルを身につけて、それから日本企業に移って、外資のためではなく日本のために仕事をするんだ、という話をよくしていたんです。でも、働いているうちに忘れましたね」

外資証券といえば、世間的には「勝ち組」。だが、そのハードな仕事ぶりは、噂以上だった。仕事内容は、クライアントのコーディネーター的なものだ。クライアント企業の人たち、顧問弁護士、顧問会計士を束ね、M&Aの相手先と条件交渉などを進める。

若手の仕事は、企業の資産価値をエクセルで算定し、必要部分をパワーポイント資料に落とす作業の繰り返しだ。上司に資料の内容説明をし、交渉の席にも参加する。

「ディールを三つ掛け持ちでやって、朝8時半から深夜2時までが平均の仕事時間でした。化粧を落とすとメイクに時間がかかるから、落とさずに寝るしかない。肌はボロボロです。不規則な食生活で、ひどいときはコンビニと「エクセシオールカフェ」のサンドイッチだけ。デスクワークばかりで、タクシーチケットを一冊渡されて毎日、タクシーで帰るから、運動不足です。フィットネスクラブが同じ建物にありますが、下っ端は仕事を離れられないから、事実上、行く暇がない。私は倒れませんでしたが、激務が原因で同期は4、5人、入れ代わりで倒れた。動悸や胃腸炎などでした」(Cさん)

しかもJPは、内定が出てから入社するまでの間に、チェース・マンハッタンとの合併が決まり、人がどんどん入れ替わった。気がついたら、GS出身の人がIBのヘッドになっていた。逆にGSに移籍していった上司もいた。「人で決めたのに、人の入れ代わりが激しく、急に代わってしまう。仕事を始めてから、交渉先企業が雇ったGSの人たちと話すことがありましたが、そんなに違いはなかった」(Cさん)

動機として持っていた「いずれは日本のために」は激務にかき消され、入社の決め手にしたはずの「人」も意味を失った。たしかに給与は高く、新人でも年収で基本給700~800万円、プラス年度末に業績が良ければボーナスがそれと同額ほど出る。仕事にも倒れることなく付いていけている。だが、長時間を投じるだけのやりがいが見出せない。

半年ほど経った頃、全世界合同で行われる2週間の研修で、ニューヨークに派遣された。そこで、「911テロ」にリアルタイムに遭遇。研修場所のオフィスはマンハッタンの「バンクオブニューヨーク」のビルで、崩壊したワールドトレードセンターから3ブロックほどしか離れていない。Cさんは事件当初、何が起きたのかわからず、地下へ走り逃げる。ニュージャージー州方面（西）に脱出し、テレビのニュースを見て、やっと事態を把握できた。

「マスコミの影響力は大きいと実感しました。95年のサリン事件でもNHKを聞き入っていて、アナウンサーという仕事に興味があった。それでヤフーで検索したら、FBC（福井放送）が募集を出し

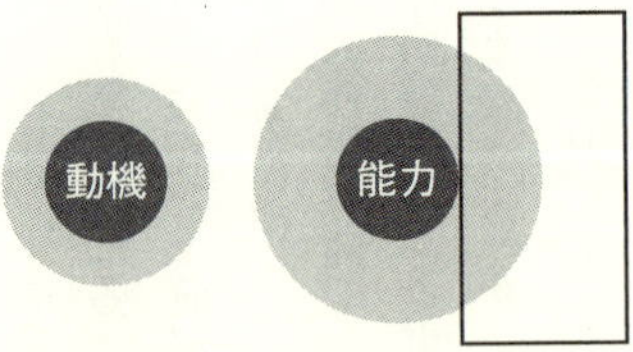

[投資銀時代] 考える暇すらない外資証券の激務のなか、至近距離でテロに遭遇したことをきっかけに、以前より興味があったアナウンサーに転身、10カ月で第二新卒的なゼロリセットを行う。動機は模索が続く。

ていたんです」（Cさん）。たまたま女性アナが産休で欠員が出て、季節外れの秋に応募があったのだ。有休をとって面接を受けたら、受かった。応募者は８００人ほどいたという。「流れに任せよう」と、縁もゆかりもない福井県へと赴任することにした。

JPの在職は10カ月とはいえ、一般企業の3年分くらいには相当しそうだ。身についた能力は、実践的な財務知識に加え、交渉の現場で見える政治的な駆け引きの感覚、エクセル、パワーポイント、手紙の書き方など。動機面では、少なくとも外資証券の仕事では満たされぬまま、模索するための転職でもあった。

†アナ時代（24歳～）

まさか社会人2年目を福井で迎えるとは思っていなかった。グローバル外資から地方局への転身なので、会社のカルチャーは１８０度の激変。仕事柄、衣装代やヘアメイク代は会社持ちだが、年収は半減した。

とにかくドメスティックで古い。たとえば給湯室の掃除当番は女性だけと決まっており、Cさんも例外ではない。なぜかと聞けば、「女性のほうが目が行き届くんだ」などと言われるのだった。

ラジオ担当→中継担当→情報番組キャスター→報道記者→ニュース番組キャスターと

やって、丸4年。北朝鮮からテポドンが打ち上げられれば、福井は原発があるから「すぐ入って！」と言われる。拉致被害者が多い地域なので特番もできたし、ワイドショーで取り上げられたパナウェーブ研究所の本部もあり、活躍のチャンスには恵まれた。

一通りやってみて、考えるところがあった。アナウンサーとして、作文コンクールで入賞した小学生の作文にコメントする機会があり、ママさんアナは「だから子供にはいろんな経験をさせたい」と言った。自分は「子供らしくストレートに表現できている」などとありきたりのことしか言えず、「子供を産んで見える世界ってあるんだな」と思った。

JP時代の女性同期3人と会った際、尼崎でJR西日本の衝突事故について話した。Cさん以外は子供がいて、2人は口をそろえて真剣に「許せない」と怒っていた。自分にその気持ちはわからない。同じように働いていた女性が子供を産んで変わったのを見て、大きな影響を受けた。

仕事を続けるか、結婚して子供を産むか、そしていずれにせよア

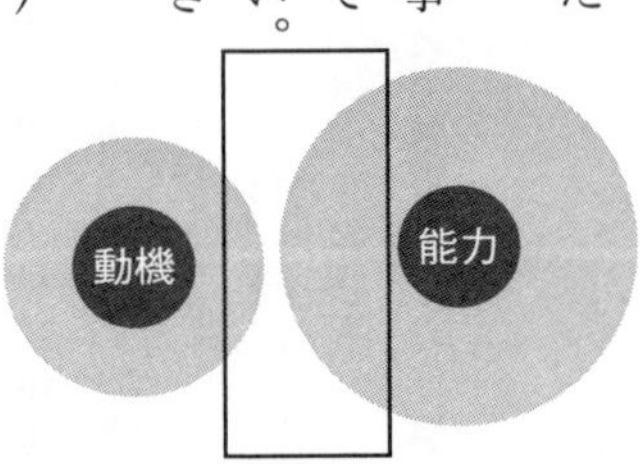

[アナ離職時] 興味があった職業に就けたはよいが、向いていないことがわかり、職業として続けることを断念、丸4年で退職。動機を模索中。

ナウンサーという仕事内容を続けるのか、辞めるのか。「普通の地方局のアナウンサーのキャリアとしては、フリーになって東京の事務所に所属して、テレビ番組でコーナーを持ったり、結婚式の司会をやったりすることが多いのですが、私はそうするつもりはなかった。向いてない、と思ったからです」(Cさん)

†主婦業に(28歳〜)

Cさんは退職して結婚し、主婦業に転じた。二つの仕事をやって、どちらも「違う」と感じた。今は自分がやりたい範囲で、ボランティアで朗読やセミナーの司会をやる程度。ライフワークは見つかっていない。子供ができたら、子育てがライフワークになるのかもしれない。

勤め人のような義務がなくなり、「人間は義務があって緊張感があるほうが生きやすい」と感じた。「仕事がない老人がボケるのがよくわかった」。自分がボケてきた実感があったため、習い事を始めた。スポーツクラブに通い、着付け、フランス語、ヨガ、ワインスクール、紅茶コーディネーター、フラワーアレンジメントと、立て続けに始めた。「着付けは3級で、自分で着られます。2級をとると人に着付けできるようになるんですが、そこまでやる気になれない。やはり、趣味は趣味なんだな、と。けっしてライフ

ワークにはならない。『習い事ホッパー』になってはダメだとは思うのですが……」（Cさん）

福井の4年間では、福井県の端から端まで回り、地元の岡山県よりもよく知っている。そのなかで感じたことは、「小さな仕事でも、その中心になれればいい」ということ。取材して、原稿を書いて、自分で読む。これは分業体制が明確なキー局ではできない。ただ読むだけになってしまうのは、自分の志向性に合わない。

「中心で仕事をしたい」という動機は何となくわかったが、投資銀行業とアナウンサーとして磨いた能力とは、結びつきそうにない。Cさんはライフワークが見つからない悩みを抱えつつ、ボランティアや習い事のなかで模索を続けている。

†登りたい山を決める

Cさんはやりたい仕事をやってきたので、後悔はしていない。投資銀行員と女子アナは客観的には人気職種だ。だがCさんにとっては、いずれも職業として続ける気になれないものだった。決して能力的に付いていけずに脱落した訳ではない。動機との合致がなかったのである。動機の発見は簡単ではない、という例だ。

一般的な人気と、個々人にとってのハッピーな仕事は一致しない。「人気企業なんだから」「みんながやりたがる仕事なんだから」と自分に言い聞かせてみても、心の底から湧き出る動機が満たされる仕事に就けないならば、せっかくの人生で、仕事の醍醐味を味わえないばかりか、ストレスになるだけだ。

だからこそ周囲の評価に惑わされず、自分のコア動機を早めに知るための努力を意識的に行うことが重要である。

では、どうやって内に眠る動機を顕在化してゆけばよいのか。実は、動機（やりたいこと）の重要性については、表現は多様ながら、ほとんどの論者が指摘している。やりたいこと、目標、目的などと表現されるが、同じ意味である。

「登りたい山を決める、これで人生の半分が決まる」
目指すべき山を決めずに歩くは、さ迷うに等しい。みんな一所懸命生きてるんです。だけど、登りたい山を腹の底から決め切れてない人が、実は99％なんです。なんとなく人生を過ごして、こんなはずじゃなかった、と皆さんのご両親もたいがい言ってるよ。自分の夢、自分の志を決め切れていない。（中略）自分は何の事を成したいのか、その一点だけは、決めて欲しい。
――『孫正義 LIVE2011』２０１０年3月28日＠東京、USTREAM, YOUTUBE

このソフトバンクの新入社員向け講演によると、孫正義氏の場合は、司馬遼太郎『竜馬が行く』を15歳のときに読んだのがきっかけだった。つまり、動機に火が点いたわけだ。坂本竜馬の「世に生を得るは『事を成す』にあり」に触発され、自分は何を成すべきか、大学卒業後、1年半をかけて自分の志を考えた。そして、自分にとっての「事を成す」とは、デジタル情報革命だという結論に行き着く。

†20代後半までに固める

この〝人生の意味や目的論〟は、正論であるがゆえに逃げ場がなく、若者を追い詰めるようだ。よくある反論として、精神科医の香山リカ氏らによるものがある。いわく、若者が人生に意味を求めすぎて「自分探し症候群」を生み出している。いわく、そういう社会的なプレッシャーがウツの原因になって若者を精神的に苦しめている。いわく、就職難でエントリーシート50枚書かなきゃいけないのに、それぞれの会社の仕事について意味や目的なんか書けるはずない……。

これは「自分は何がしかの人にならねばならない、それが自己実現であり、人生の目標なのだ」と大それた誤解をしている人が多いことによる。この誤解とは、客観的に目に見える成功こそ目標にすべきだ、と考えている点にある。

Cさんのケースでは、外資証券や女子アナといった仕事が必ずしもハッピーなキャリアにつながっていない。サン・テグジュペリの『星の王子さま』ではないが、本当に大事なことは目には見えないものだ。目的は自己満足なものでよいし、誰もがアーティストや偉人になる必要はない。

目的を決める時期についても、大学3年の就活の時点で、ましてや孫氏のように10代で、ガッチリ目的を決める必要はない。**働くことに意味や目的を見出す作業を続け、20代後半、遅くとも30歳くらいまでに、おおまかな「登りたい山」を決めることを目標にすればよい。**真逆に振れて、「労働に意味なんかない」と投げやりになるのが一番よくない。

†「人生最後の日」理論

第3章で、20代後半までにコア動機(目的)を顕在化させるべきだ、と述べた。多くの経営者や経営学者も、この目的の重要性については一致している。だが、孫氏いわく99%の人が決めていないのは、若者の決意や意志の問題というよりも、「現実的に決めようとしても決めるのが難しいから」という事情が大きいはずだ。

頭ごなしに「決めろ」と言うのは容易い。我々に必要なのは、決めるための具体策である。

世界的なベストセラー『7つの習慣』（スティーブン・コヴィー著）でも、7つのうちの二つめの習慣として「目的を持って始める」が掲げられている。それを踏まえた三つめが「重要事項を優先する」で、それが「私的成功」や「自立」につながる、としている。ここでいう「目的」も、もちろん、動機に基づく生涯不変の人生の目的という意味で使っている（今月の営業数値目標のような目の前のものではない）。著者のコヴィーは、目的を発見するための具体策についても、踏み込んで述べている。

葬儀で述べてほしい弔辞を注意深く見つめれば、あなた自身の本当の成功の定義を見つけることができるだろう。それは今まで考えていた成功とはかけ離れたものかもしれない。名声、業績、お金などは、あなたが本当に考えている成功と何ら関係がないかもしれない。

――『7つの習慣』キングベアー出版

多くの論者が、これと似たような言説を、若い人向けに述べている。要するに、自分が死ぬ日や、さらにそのあとの後世に視座を置き、そこから、いま現在の自分を位置づけることによって、自分が本当にやりたいことや目的が浮かび上がってくる、というロジックだ。

毎朝、鏡をみて自問自答しました。「今日が人生最後だとしたら、今日やることは本当にやりたいことだろうか」。「NO」という答えが幾日も続いたら、私は何か変える必要があると知るのです。

——スティーブ・ジョブズ「スタンフォード大卒業式でのスピーチ」YouTube

私が一三歳のとき、宗教のすばらしい先生がいた。教室の中を歩きながら、「何によって憶えられたいかね」と聞いた。誰も答えられなかった。先生は笑いながらこういった。「今答えられるとは思わない。でも、50歳になっても答えられなければ、人生を無駄にしたことになるよ」(中略)これは、自らの成長を促す問いである。

——ドラッカー『プロフェッショナルの条件』ダイヤモンド社

もちろん、毎日、死期を意識していたら疲れてしまうので、キャリアの節目を感じたり、悩みが深いときに思い出して自分の内面に問えばよい。

この「人生最後の日理論」について私の同世代の人たちと議論すると、ちょっと優等生的な答えになりがちで、本当の動機を見誤るのでは、との感想が聞かれた。「動機というのは、必ずしも立派なものばかりではない」というのがその理由だ。弔辞で述べられることの多くは、周囲からのよい評価、賞賛である。だが、内なる動機は自己満足の世界なので、必ずしも社会性がある必要はない。

たとえばケース①地銀のAさんは、自分のコア動機を権力志向だと考えるようになった。それに気づいたのは、取調官として事情聴取を行う仕事のなかで、上司から「お前はグワーっとやりたいのか、それとも社会正義を実現したいのか?」と聞かれたときだ。グワーっという勢いでかぶせるように権力を行使することこそが、Aさんにとっての自己満足であり、動機なのだという。

権力がないと摘発できないのだから、正当な行為であるし、もちろん社会正義に資する動機だってある。ゼロ対100という問題ではない。だが、権力行使動機というのは、あまり弔辞で述べるにはふさわしくないし、そういう人だった、と憶えられたくもないだろう。人生最後の日にやりたい、と言い切れるものでもなさそうだ。

人生最後の日理論は、動機を探るうえで一定の効果はある。だが、皆がジョブズやドラッカーのように真剣に問い始めたらウツ病社会になりかねないから思い詰める必要はないし、皆の前で開陳するような優等生的なものではない動機でも、正直に受け入れたほうがよい。

†内発的動機＝自己実現欲求

動機を深く知るためには、そもそも動機とは何ぞや、を理解する必要がある。心理学の世界では、「**外発的な動機**」と「**内発的な動機**」に大別されるのが定説だ。外から客観的に見えるものが外発的で、外から見てもわからないものが内発的である。

外発的動機＝カネ、昇進、地位、表彰……。
内発的動機＝自己実現感、自己有能感、達成感……。

コア動機は、内発的な動機でしかありえない。マズローの「欲求段階説」でいえば、最上位の自己実現欲求が内発的であり、それ以下の欲求（＝欠乏動機）は、外発的である。これについては神戸大学の金井壽宏教授が非常にわかりやすい説明をしている。

欠乏動機に関しては、欠けているものが付与される具体的瞬間、「あいつ弁当を食べている」という場面を指さすことができる。しかし、われわれは、東京駅でまる一日ヒューマン・ウォッチングをしても、「見て見て、今、あそこで、自己実現しているひとがいるよ」と指さすことはできない。

——『働くみんなのモティベーション論』NTT出版

欠乏動機によって動く人は、本質的に動物と変わらない。イルカショーやアシカショーで、動物が飼育員の言うことをきいて演技をするのは、指示どおりに動けばエサを貰えるよう、動機付けられているためだ。一方、動物にはなく人間に固有な動機が、内発的な動機＝自己実現動機である。自己実現しているイルカはいないし、忠犬ハチ公にしても、飼い主からエサをもらえたり、飼い主への所属や承認の欲求が満たされるから（いずれも欠乏動機）、忠実に待ち続けるのだ。決して待つことによって個性をアピールしようとか、後世に名を残そうと考えていたわけではない。

私が経営するニュースサイトに執筆しているジャーナリスト仲間を見渡すと、動機の中心は、社会正義や真実の追究にある人がほとんどである。そのうちの1人、三宅勝久記者はこう書いている。「筆者の目下の関心は、サラ金と大学の癒着ぶりや防衛省トップの出張の内実とかにある。役得に乗っかってオイシイ目をしていたり、偉そうにしているような人たちの素顔を見極める作業に喜びを感じる」(2008年9月25日付記事)。

ほとんどカネにならないことがわかっている取材なのに、何かに突き動かされるように現場に向かってしまう。これがまさに、内発的な動機である。そして、ほとんど売り上げ増につながらないとわかっていながら、出稿されたその記事を掲載してフィーを払う編集長の私も、やはり同じ内発的な動機で働いている。

業種に限らず営業担当者に「どういうときにやりがいを感じるか」と尋ねると、「とにかく契約がとれたとき」という答えが多いのだが、これは外発的な動機だ。**契約がとれて数字を達成する→会社から褒められる→昇進する、ボーナスが上がる、居心地がいい、怒られない。これらは欠乏動機であって、忠犬ハチ公と同じく、会社に忠実なだけだ。**

†10億円あってもその仕事しますか?

内発的な動機であることを確認するのに最適な問いがある。「いま10億円持っていてもなお、その仕事をやるか?」、または「1円の稼ぎにもならないが、その仕事をやるか?」。YESと答えられるなら、その仕事は内発的動機に基づいている。

私は今の仕事については、金銭的価値と関係なくいくらでも続けられると断言できる。

10億円あれば、ビル・ゲイツがスティーブ・バルマーを連れてきたように、有能な経営者を連れてきて、誰かに優秀なジャーナリストを育ててもらい、編集長も誰かにお願いして、私はジャーナリスト業に専念するだろう。

「自分らしい仕事ができて、満足できた」「本当の自分自身に近づいている感じがある」。そう思える瞬間が、内発的な動機に結びついている。自分の一生をかけて今の職業をやり遂げたいと思えるか。たとえ客観的な報酬ゼロでも、ワクワクしながらやり続けられる仕事なのか。それが、内発的な動機を知るカギになる。

逆に「やらされ感がある」「時間の切り売りだな」と感じる仕事は、内発的な動機に結びつかないものと断定してよい。

外発的な動機ばかりしか持たないで仕事をしていると、常に「今より高い報酬」、「今より高い肩書き」を求め、結局、いつまでも不満をもって働くしかないから、不幸なキャリアになる。仕事自体にやりがいを感じ、つまり内発的な動機にドライブされて目的を持って働けるなら、それ自体が給料にプラスしての報酬となるから、満足度は高まる上に、よりよい仕事につながる。以下の例は、その違いを如実に表している。

何年か前に、かかりつけの腕のいい歯医者に聞いたことがある。「あなたは、何によって憶えられたいか」。答えは「あなたを死体解剖する医者が、この人は一流の歯医者にかかっていたといってくれること」だった。

この人と、食べていくだけの仕事しかしていない歯科医との差の何と大きなことか。

――『プロフェッショナルの条件』ダイヤモンド社

ただし、内発的な動機に合致していても能力（特に才能）が決定的に足りない仕事の場合は、第3章でゼークトの「無能な働き者」を例に説明したとおり全員が不幸なので、早い段階でアプローチを変える必要がある。ある一つの動機を満たす仕事は、ほかに何種類もあるからだ。

†書き出してみる

動機（＝目的、やりたいこと）を明らかにするための手法として、前述の『7つの習慣』では、ミッションステートメントを書くことを薦めている。これは個人の憲法であり、不変の原則だ。明文化するのがポイントである。「人は変わらざる中心がなければ、変化に耐えることができない。変化に対応する能力を高める鍵は、自分は誰なのか、何を大切にしているのかを明確に意識することである」（同書より）。

コヴィー自身、自転車に乗って海岸に行き、砂浜にひとりで座り込み、手帳を取り出し、ミッションステートメントを書き直すという。書き上げる過程が、最終的な文書と同じくらい重要で、書いたり見直したりするプロセスに人を変える力があるからだ、としている。とはいえ、文章に書こうとしても、動機がわからないことには何も書けない。書く過程でいろいろ考えるから、そこで内面と向き合うことで見えてくる効果は期待できるが、働いていない学生の段階では、たいしたものが書けないはずだ。

†動機を知るための診断ツール

「登る山」を決めるために、人生最期の日を意識し、内発的動機を理解し、人生の目的を文字にしてみる。そのためのサポートとなりそうなのが、世界中で開発されてきた動機の診断ツール類である。5つほど説明しよう。

①キャリパープロファイル

米国キャリパー社が、心理学を応用して開発した「キャリパープロファイル」を用いて、個人が自分を知り、適職を発見するためのカウンセリングを行っている。21言語、39カ国に対応。キャリパージャパンによると、プロファイルをもとに個別の法人向けに細かく作り込むため、個人には非対応（２０１０年9月現在）。影響力、復元力、社交性、好印象欲、感謝欲、徹底性、自己管理、外的管理、切迫性などといった切り口で、動機を分析する。

②ＭＢＴＩ（Myers-Briggs Type Indicator）

ユングの心理学的タイプ論の考えをもとに開発され、米国で普及。初版が１９６２年の完成。性格を16のタイプで考える。日本ＭＢＴＩ協会によると、世界24カ国語に翻訳され、45カ国以上で利用されている（２０１０年9月現在）。

③エニアグラム

１９７０年代から、米国において精神医学や心理学の研究者が研究を重ねてきた性格理論。人間には以下の9つの性格タイプがあり、すべての人はそのうちの一つに当てはまる、としている。１「完全主義者」、２「献身家」、３「達成者」、４「芸術家」、５「研究者」、6「堅実家」、７「楽天家」、８「統率者」、９「調停者」。

ウェブ上にあるツール（90問に答える）でやってみた私の診断結果は、タイプ5の「研究者」だった。この本を書いている時点で、そういう志向は確かにある。職業適性は、科学者・哲学者・プログラマー・会計士・コンサルタント。有名人でいうと野村克也・小泉元総理・湯川秀樹。いずれも思い当たる節はあり違和感はない。

④キャリアアンカー

これは米国の心理学者エドガー・シャイン氏が提唱する「長期的な仕事人生の拠り所」のこと。アンカー（＝船のいかり）というだけあって、「組織や仕事が変わっても、自分として絶対に捨てたくないコアな動機、価値、能力のセルフイメージ」を指すという。『キャリアアンカー――自分のほんとうの価値を発見しよう』（エドガー・シャイン著、白桃書房）の説明によると、「そのひとのパーソナリティの階層上で最上位に位置づけられる、たった一つのセット（才能、価値観、動機からなるセット）がキャリアアンカーです」とある。

キャリアアンカーは次の8つ。「専門・職能別コンピタンス」「全般管理コンピタンス」「自律・独立」「保障・安定」「起業家的創造性」「奉仕・社会保障」「純粋な挑戦」「生活様式」。それぞれの人は、その内なる心に、どうしてもこれだけはあきらめたくないと思う際立って重要な領域を持つ、という考え方で、その領域を示すラベルが、その人のキャリアアンカーになるそうだ。

同書の「キャリア指向質問票」に沿って答えていくと、判定が下る。質問はたとえば

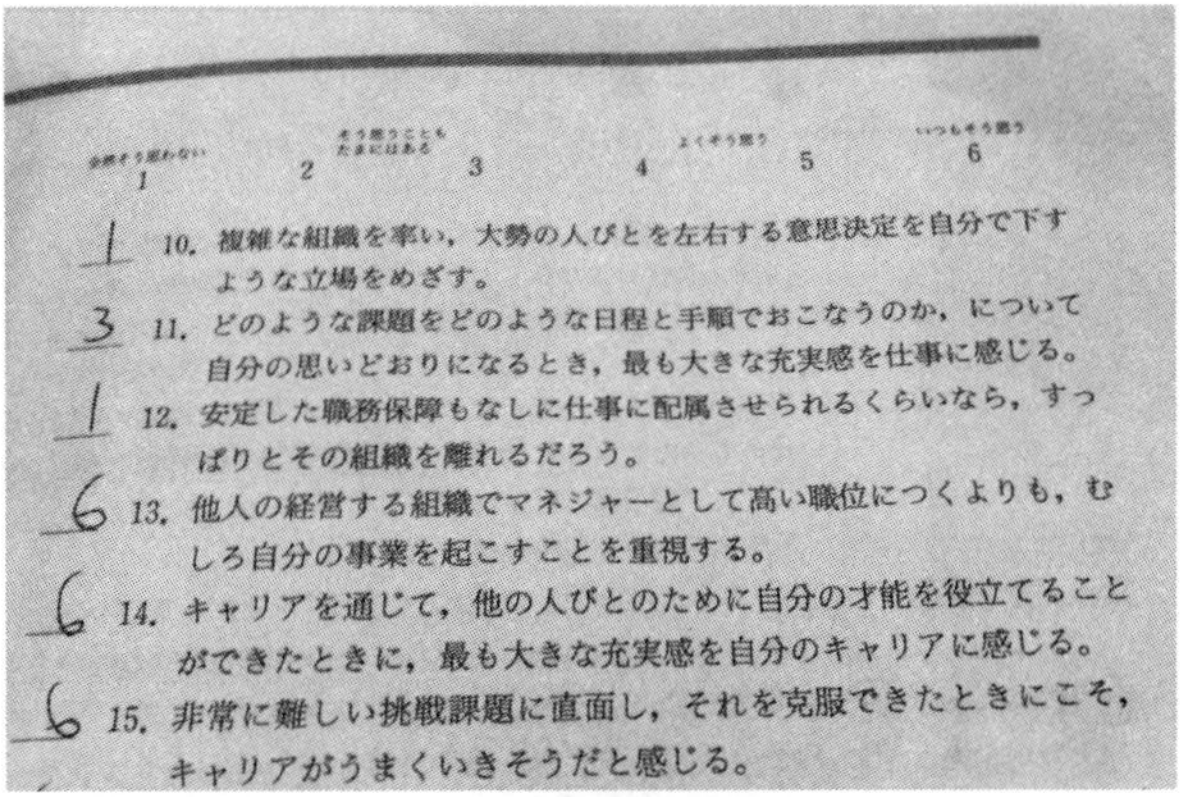

全然そう思わない　そう思うこともたまにはある　よくそう思う　いつもそう思う
1　2　3　4　5　6

1　10. 複雑な組織を率い，大勢の人びとを左右する意思決定を自分で下すような立場をめざす。
3　11. どのような課題をどのような日程と手順でおこなうのか，について自分の思いどおりになるとき，最も大きな充実感を仕事に感じる。
1　12. 安定した職務保障もなしに仕事に配属させられるくらいなら，すっぱりとその組織を離れるだろう。
6　13. 他人の経営する組織でマネジャーとして高い職位につくよりも，むしろ自分の事業を起こすことを重視する。
6　14. キャリアを通じて，他の人びとのために自分の才能を役立てることができたときに，最も大きな充実感を自分のキャリアに感じる。
6　15. 非常に難しい挑戦課題に直面し，それを克服できたときにこそ，キャリアがうまくいきそうだと感じる。

キャリア指向質問票

「複雑な組織を率い、大勢の人びとを左右する意思決定を自分で下すような立場をめざす」に対して、「全然そう思わない」（1点）から「いつもそう思う」（6点）までの幅で記入していく。これが40問続く。どう感じるか、どう思うか、何を目指すか、という質問なので、個人の動機と価値観が判定されると考えてよい。できるか否か、得意かどうかは問われないから、能力の判定ではない。

結果、私が一番高かったのは、突出して「奉仕・社会貢献」（7・4）だった。その仕事のタイプとしては、こう述べられている。「奉仕にアンカーを置く人が望んでいる仕事は、はっきりとしています。それは、彼らが自分の所属している組織、あるいは社会における政策に対して、自分の価値観に合う方向で影響を与えることが可能な仕事です」

ケース③「筆者のキャリア」で述べたとおり、私は総合政策学部を選択した学生時代から、確かにその通りの志向を持ち続けており、死ぬまで変わりそうにないから、そうなのだろう。

次に高い点がついたのは、「自律・独立」(6・2)。私はサラリーマンをエグジットしているのでその通り。次が「専門・職能別コンピタンス」(5・8)と「純粋な挑戦」(5・8)。逆に、最小点数だったのが「全般管理コンピタンス」(1・0)で、下から2番目が「保障・安定」(1・2)だった。管理するのもされるのも嫌だし、安定も求めていないから、その通りである。

「起業家的創造性」は5・0で、8つのうち5番目だったことにも、納得である。私は一応、独立・起業しているが、ケース③で述べたとおり、起業したくてやった訳ではなく、規制でがんじがらめの日本のマスコミ業界においては、仕事を自分で創るほかなかったから、仕方なく会社を創ったのである。

ただこの質問票、たとえば「人類や社会に本当の貢献ができるキャリアをめざす」という質問に「いつもそう思う」と答えてプラス6点になり、その点数が「奉仕・社会貢献」

の項目につながっているわけだから、結果に納得するのは当り前だ。

それぞれの質問に自信を持って断定的に答えられるということは、既に自分自身をわかっている、ということ。多くの人は、1とも6ともつけられず、3や4をつけるのではないか。つまるところ、自信を持って答えられるようにするにはどうすればよいのか、のほうこそ重要で、このアンカー判定は単なる結果論、と言うこともできる。

また、そもそもこのツールが、スローンスクール（MITのビジネススクール）同窓生を調査対象とした研究に基づいて開発されているため、分類に偏りが感じられる。8つのアンカーのうち一つが「純粋な挑戦」というのは、いかにもMBA卒業生らしい。楽天を起業した三木谷氏のようなタイプが当てはまるのだろうが、一般人には違和感がある。

そうした点は注意が必要だが、自分の動機やその裏にある価値観を「再認識」するツールとしては、よくできているな、という印象は持った。働き始めて、節目を感じた社会人にとっては、自分が常に戻るべき錨《いかり》は何なのかを明示的に理解しておくことは、キャリア設計上、有用だろう。

⑤R—CAP

国産のものとしては、リクルート社の「R—CAP」(Recruit Career Assessment Program）がある。職務遂行能力診断、職業適合性診断、価値観診断など7つのメニューがあり、各3600円でウェブ上から質問に答える。

「興味・価値観・志向に合致し、満足が得られる可能性の高い職業がわかります」という職業適性のメニューを選び、受けてみた。「意外にも自分にふさわしい職業」を発見できる可能性がある、というところに惹かれた。「実社会で満足感を持って働いている103職種・2万人のビジネスパーソンのデータとマッチングさせることで、あなたが満足感を得られる可能性の高い職業を提示します」という。

テストは前述のキャリアアンカーのように価値観や好き・嫌いを問う内容で、ウェブ上から10分ほどで終わるのだが、結果は、今どきなぜか紙で送られてきて1週間待て、というのが意味不明だ（PDF送付にしてもらいたい）。

果たして、103の職種から適合するランキングトップ5は、以下のようになった。

①自営業・商店主（非メーカー系）②アントレプレナー（非メーカー系）③司法書士・行政書士　④WEBデザイナー　⑤新聞・雑誌記者

適合しないほうのランキングは、以下の通りだった。

①ホテル・旅館接客　②受付・窓口　③薬剤師　④積算　⑤歯科衛生師

意外性は何もなかった。私は今すでに自営業的だし、アントレプレナー的な仕事をしていて、その仕事内容は新聞・雑誌記者みたいなものだ。ようは、独立的な仕事が適合していて、接客は向いてない、ということだろう。質問でそう答えているから、そのように出てくるわけである。これは確かに、ツールがそれなりに間違っていない、ということでもある。

だが、「自営業・商店主（非メーカー系）」は、あまりに幅広すぎて、103のなかの一つとは到底いえない。誰にでも独立願望は少しはあるだろう。自営業は働く形態を指しており、WEBデザイナーは特定の職種を表す言葉だから、そもそもレベルが異なる概念を同列に混在させてしまっていて、これがコンサルの成果物なら確実にNGをくらって、担当役員のチェックを通らない。現実的には、自営業という形態で何をやれば適合性が高いのか、その中身について詳しく知りたいのである。

これらツール類にはどういう意味があるのかと言えば、確かに自分がどのようなタイプかの概略はつかめるが、動機を見極めるための一つの手がかりにはなるといえる。

†ライフストーリー分析

自分が「研究者な性格」で「奉仕・社会貢献アンカー」、適合職種は「自営業・商店主」と言われれば、いずれも確かにそうだとは思う。だがそれは、「これまでは、他のみんなもそうなのかと思っていたけど、実は自分に特徴的なことだった」ということに気づける程度。ツール類で適職がわかるのかといえば、イメージとしては、100の中から30に絞り込めるくらいだろう。

しかも、動機と職業は一対一ではまったくない。たとえば弁護士という職業にしても、大企業の顧問につく渉外弁護士と、社会的弱者の側につく人権派弁護士では、満たされる動機が180度異なる。

そこで、次によく利用されるのが、いわゆる「ライフストーリー分析」だ。30代以下のビジネスパーソンなら、誰しも就活コーナーで、自己分析系の書物を一度は目にしたことがあるだろう。だいたいが、授業や学部やゼミなどを選択する際に何を考えたかを書き出したり、「自分がこれまでの人生でもっとも○○（集中できた／琴線に触れた／達成感を得た／感動した……）瞬間」を書き出すことで、自己分析をしていく。

無意識のうちに行った選択のなかにこそ性格や動機が現れるので、書き出すことで自己認識する作業は有益であろう。特に、学部・学科選び、サークル（趣味）選び、ゼミ選びの際の動機は、徹底的に分析すべきである。私の場合、学生時代に1人で海外を歩き回って旅行記を書き、友人に読んでもらう、という趣味に充実感を感じており、そこには明らかに内発的な動機があった。それが今のニュースサイト運営や執筆・編集業につながっている。

社会人になってからの分析も同様に意味がある。ケース②旅行業のBさんは、たまたま海外で聞いた講演で、金融業界の話に心を揺さぶられ、ピンときて会社を辞めている。よく考えてみたら、学生時代から国際金融論の授業を好んで選択しており、動機を再確認することになった。

ライフストーリー分析は、大企業の研修でも活用されている。人事部にいる知人は、社員にキャリア年表を書かせる研修をやっている。横軸が「時間軸」、縦軸は「テンション」だ。自己認識によるキャリアの浮き沈みを、グラフで書かせ、山と谷の部分に吹き出しをつけて、具体的な理由を書き、では理想はどうなのか、を考えさせるというもの。

そのうえで、1年後、3年後は何をしているのか、という中期目標を問う。「だいたい平均すると、8カ月後くらいまでは答えられる人が多い。これは、営業の目標が半年先くらいまで与えられるからです。でも、その後を答えられない。1年後の目標が見出せず働いている人には、はっきりと辞めたほうがいい、と言うこともある」という。

†友人、先輩、同僚に聞く

この自己分析は取っ掛かりとして役立つが、限界がある。だから、周囲の力を借りられるなら、借りるべきだ。

明治大学の齋藤孝教授は大学のゼミで「集中砲火自己分析」を実施したことがある、と著書で述べている。「希望する学生に教室の中央に座ってもらい、周囲を仲間が二〇~三〇人で取り囲み、その学生の短所を口々に挙げていくのである。自分が周囲からどう思われているのか、あえて厳しく認識するための実験だ」(『筋を通せば道は開ける』PHP新書)。お互いによく知る仲間内だから、その指摘は的確なのだという。

私自身でいえば、ゼミの先輩に「記者に向いているんじゃないか」と言われたことは確かにあった。おそらく、私の普段の質疑応答のパターンや、その切り口から判断して言っていたと思う。それは私の問題意識や理想主義的な性格を指していっているわけだから、これは動機や、その背後にある価値観を知るヒントになる。

仕事をしていない学生の段階で、誰かを「〇〇に向いている」と評する場合、多くは、その人の性格や志向性について指摘しているわけで、動機とつながっていることが多い。

実際に能力として通用するかは、ゼミレベルではなかなかわからないから、別の問題である。

社会人になってからの周囲の反応は、ますます役立つ。大学時代は一般的に、同じ大学に所属する学生同士で、ゼミもサークルも「似たもの同士」が集まっているわけだが、社会人になると多様性が広がり、まったく別世界になる。

私が勤めた新聞社の同僚には、組織と一体化したがる「会社人間」や、問題意識を持ちながらも「諦めてる系」な人が多く、自分の独立志向の動機に気づくことができた。若いうちは「兵隊」になりきることを求められるのだが、仕事の目的を問えば「おまえは問題意識が強すぎる」と上司から頭ごなしに言われるし、「記者になりたい奴はたくさんいるんだから不満があっても我慢しろ」と普通に部長に言われ、自分はちゃんと独自に頭を使う企画的な仕事をしたいのだ、というクリエイティブ動機にも気づいた。

コンサル会社では、上司や周囲を見て「どうして一クライアント企業のためにそんなに頑張れるのか」と感心し、マスを相手にした「奉仕・社会貢献」アンカーが自分にあることを再確認した。私は、一企業ではなく、社会全体や公共を相手に広く貢献する仕事をしたい動機（影響欲）が強いことが改めてわかったのである。

本章の終りで紹介するケース⑤教育業のDさんの例でいえば、高校生の頃から友人らに

「先生っぽい」とよく言われていたという。「滑舌よくテキパキした喋り方、そして『仕向けたい』という支配欲があったからだと思う」（Dさん）。さらに楽天やネットプライスといったベンチャーに進んだ先輩からは、「ベンチャー向きだ」と学生時代に言われたそうだ。1人で自分からやりたがるタイプだからである。実際のキャリアとしても、結局、卒業後は、教育関係の仕事を軸に、ウェブ事業も手掛け、ベンチャー企業に転職することになったのだから、周りの目というのはあなどれない。

†働くなかで「動機のツボ」を見つける

本章では、人生最期の日を考える、書き出してみる、診断ツールを使う、ライフストーリー分析をする、周囲に聞く、と動機の顕在化をいかに実行するかについて述べてきた。最後に、実社会での就業経験こそが最良の発見方法だということを強調したい。社会の荒波のなかで自分と向き合い、他者との比較のなかで本当の自分を発見していくのである。

私のセミナーに来た学生が「自分は、まだコア動機が見つからないんです」と心配していた。とりあえず「経営のプロ」を目指し、商社に内定しているのだという。学生の段階では、アバウトな目的があって就職先が決まっているだけで、十分すぎるくらいだ。

まずは働く。学生という身分は学校から見たら「お客さん」であり、お金を払う側にいる。「稼ぐ側」と「払う側（お客さん）」の立場の違いは決定的で、稼ぐということは必然的に付加価値が求められるのだから（規制業種ではこれが弱いのが問題だ）、能力のストレッチが不可欠となり、負荷がかかる。**その過程で、「この仕事は下らない」「やりがいがある」などと価値判断が下され、内なる動機が顕在化してゆく。動機が先ではなく、仕事の負荷が先なのだ。**

やったことがない仕事は簡単にはできないから、負荷は重い。すると、仕事の意味を自分に問う。同期の人たちの意見を聞き、自分の思いと比べる。そして、ロシアのマトリョーシカ人形のように、一つずつパコッと中身が現れてきて、コアでない動機が削げ落とされ、それを繰り返していくうちに、コア動機がわかってくる。だから、学生の段階で考える動機はアバウトなものでよくて、何となく方向性が合っていると思えるだけでよい。

新聞社は本来、「社会の木鐸」などという言葉からわかるとおり、「奉仕・社会貢献」アンカーの私にとっては、適した場のはずだった。入社前は、意欲に燃えていた。ところが、実際の「社会の木鐸」的な仕事は、立花隆氏が『田中角栄研究』で金脈問題を追及し首相退陣に追い込んだように、外部のジャーナリストが担っていた。企業取材でも、普段は新製品のPRなどを無料でしてエサを撒き、いざ合併や社長人事が動いたときに速報するために情報を貰う、というギブ&テイクだ。たとえばサントリーとキリンの合併交渉をスクープすると社長賞が出るといった表彰の仕組みも、入社してみないとわからない。

逆に、私がいまニュースサイトで手掛けているような、企業の広報を通さずに従業員を独自取材して事実を発掘し、それをもとに企業の働く環境を社員の視点で報道するといった権力を監視するような企画は、絶対に社内では通らない。企業にとって都合の悪い事実を書いたり低い評価を下したら、広報部や役員の反感を買って取材拒否になるから、合併ニュースを抜けなくなってしまう。

そういう実態は、新人研修の際、社会部の先輩記者が「経済紙なんだし、本当は企業の経済事犯をやりたいんだけど、なかなかできないんだよ……」とこぼしているのを聞いたり、社内で表彰される対象記事を知ったり、実際に働いて社内に流れる空気を感じとったり、上司や会社と対立したり、といったなかでわかってくるのである。

単純に、「社会貢献動機だから新聞記者」とはならないわけだ。人によっては、株主のために迅速に情報提供することが資本市場の清冽な地下水を守るのだ、それが社会貢献なのだ、といったロジックで企業の合併取材に血眼になれる人もいるだろう。そういう動機の人がいてもよい。つまり、動機というのはやはり個人に固有なものであり、その固有のレベルで動機のツボがわからないと、意味がない。それがすなわち、コア動機である。

†好きなこと≠動機を満たす仕事

キャリア論を専門とする慶應義塾大学の高橋俊介教授が、入社後に気づいた自身の動機について語っているくだりは実に興味深く、参考になる。

私は大学を卒業後、旧国鉄に技術者として就職したが、その理由は「鉄道が好きだった」からだ。しかし、すぐにわかったのは、「鉄道が好きである」と「鉄道の仕事に向いている」とは別物であるということだった。鉄道マニアにもいくつものタイプがある。カメラ派ないしはメカ派は、蒸気機関車などの力強い姿に憧れ、間近まで行って写真を撮ろうとする。模型派は、子供のころから機械類をすぐ分解しては組み立てるという楽しみの延長線上に鉄道模型があり、自分で手にとってさわれるものを対象とする。すべての鉄道路線を踏破しようとする踏破派は記録派とも呼ばれるほど、鉄道に限らず、何でも記録を競おうとする。旅行で訪ねた国の数を競い、貧乏旅行ならいかに一日を安くあげたか安さを競う。負けず嫌いの競争心がドライブになっているわけだ。

私は時刻表派と呼ばれるタイプで、どちらかというと抽象的概念への志向の強い人たちが多い。たとえば、ダイヤの改正があれば、時刻表の数字の羅列を見ながら、改正の奥にある考え方や方針、思想を読んでいくといった内面的な作業を好む。私が関わった鉄道の仕事はそれとは正反対のものだった。

このように、ひとくちに鉄道に興味があるといっても、なぜ、どのようなところに興味を持ったかという動機との関わり合いは実にさまざまだ。

——『キャリア論』東洋経済新報社

JTBが就職人気ランキング上位の常連であることからもわかるように、学生は、好きなことや身近に知っている印象だけで、短絡的に仕事に結び付ける傾向が強い。その企業が提供するモノやサービスが好きであることは確かに重要だが、動機とは直接結びつかないことも多い。

ケース①地銀のAさんは、自分の式を挙げたオークラのサービス自体が好きで、高く評価していたことが入社の決め手になった。辞めて6年経った今も、当時の同僚には会うという。グループ戦略課で上司だった課長は、既にボードメンバー（取締役会）に入った。「残っていたら、平取にはなれたのに」と言われたこともある。

それは薄々、わかっていた。だが、経営悪化に加え、やはり動機に合わないと考え転職した。**「ブランドの種類が違う。モノやサービスのブランドと、勤め先としてのブランド**

は別モノだと気づいたんです。シャネルやグッチはブランド品でも、勤め先としては考えないでしょう」（Aさん）。Aさんの動機は、権威・権力・ブランド志向にある。その点、勤め先としては、公務員のほうが上だった。

学生も、取っ掛かりは好きから始まっても、入社後に修正してゆけばよい。最悪なのは「国鉄（JR）は親方日の丸だから」「親ウケもいいし」で思考停止し、内発的動機について考えること自体を放棄してしまうことだ。それは自分の人生を放棄するに等しい。

すべての仕事・職業・会社は、動機を満たすための「手段」にすぎない。現在、不況による安定志向から公務員の人気が高まっているが、公務員になりたい人の多くが、実態としては、仕事内容以外の外発的な動機（安定した身分保障、そこそこ高い給与、とりやすい休暇……）で公務員を希望している。納税者としては、そんな人に公務員をやってほしくはない。重要なのは、公務員として何を実現したいのか、という「内発的な動機」のほうである。

†わからなければハードな職場を選ぶ

ときどき、「やりたいことが見つからない」と適当にフリーターをしながら趣味に生きている人がいる。私の経験上、もがき苦しんだなかでしか、動機は見えてこない。従って、仕事以外で自分探しをしても、よほどのことでもしない限り、見つからないだろう。

中田英寿氏のように、テレビカメラを連れてセレブな世界旅行をするよりは、世界一周無銭ヒッチハイクでもして、アフガンでイスラム過激派に捕まったり、ヨハネスブルグで強盗に遭ったりと、九死に一生を得た体験でもすれば、人生観が刺激され、本当にやりたいことが見えてくるかもしれない。旅先で重病を患ったことが医者を志すきっかけにもなるかもしれない。本当の動機は、悩んだ末に心の中のブラックボックスからひらめき出てくるものだ。

勤め始める決意をして、はじめて決断できることもある。作家の落合信彦氏は、米国の大学を卒業後、ゼロックスに幹部候補生として採用されたものの、出社1日目、午後の新人研修で見切りをつけて、そのまま戻らずに退職した、と著書で述べている。

私が一番気に入っているのは、沢木耕太郎氏のエピソードだ。普通に横浜国大経済学部を卒業後、「丸の内に本社を置く企業」(現みずほ銀行といわれている)に出社する日の朝、会社に向かう通勤途中でたまたま雨が降っていたので、会社にたどり着く前に辞めてしまった。

なぜたった一日で会社を辞めてしまったのか。理由を訊ねられると、雨のせいだ、といつも答えていた。私は雨の感触が好きだった。雨に濡れて歩くのが好きだったのだ。雨の冷たさはいつでも気持よかったし、濡れて困るような洋服は着たことがなかった。ところが、その入社の日は、ちょうど梅雨どきであり、数日前からの長雨が降りつづいていた。そして私の格好といえば、着たこともないグレーのスーツに黒い靴を履き、しかも傘を手にしているのだ。よほどの大雨でもないかぎり傘など持ったこともないというのに、今日は洋服が濡れないようにと傘をさしている。丸の内のオフィス街に向かって、東京駅から中央郵便局に向かう信号を、傘をさし黙々と歩むサラリーマンの流れに身を任せて渡っているうちに、やはり会社に入るのはやめようと思ったのだ、と。この話に嘘はない。

——『深夜特急2　マレー半島・シンガポール』新潮文庫

初日に辞めるなら最初から就活するなよ、と思う人もいるかもしれないが、こうした突き抜けた人たちでさえ、サラリーマンを1日やっている。勤めに行くことではじめて仕事について真剣に考え、自分の内なる動機に向かい合い、会社に行く道の途中で、そして新人研修の場を通して、**「違う、これは自分の人生ではない」**という決断ができる。自分探しなどしないで、まずは1日でもいいから企業勤めをするべきである。

その際は、動機がわからない人ほど、出来る限りハードな職場を選ぶのがよい。たとえば、**(餃子の) 王将フードサービス**に入って、鬼教官の前で8秒以内に社訓を大声で読む研修を受けてみる。野村證券でノルマを達成できずに深夜まで問い詰められたり、**キーエンス**で営業なのに分単位の時間管理をされて窮屈な思いをしてみる。厳しい環境に身を置けば、自分は本当にこの仕事をやりたいのだろうか、と真剣に考えざるをえない。

もちろん学生時代からバイトの職を得て働いてみるのもよい。新聞記者に興味があるなら編集部のバイトに応募する。マーケティングに興味があるなら、調査モニターになってグループインタビューを受けてみる。

さらに、興味がある職業があったら、その道でキャリアを積んだ人の書いた本を読む。これはネットですぐに調べられる。経済小説も、業界や職業を理解するうえで役立つ。読んでますます興味が湧いたなら、動機と結びついている可能性が高いだろう。

次に紹介するケース⑤教育のDさんは、自らの動機に正直な選択を行い、ハッピーなキャリアを自認する1人だ。満足度の高さや仕事の充実感は、インタビューしていても伝わってくるものだった。

ケース⑤　教育のDさん（私大／文系／女性）
――「仕向けたい、という支配欲がある」

大学時代にサークルで映像作品を作る活動に没頭していたDさん。主にカメラを担当し、映像とシナリオを作ることが多かった。とにかく表現することが好きだ、という性格は自分で認識していた。2年間、予備校のチューターをやり、教育にも興味があった。他人の人生基盤の形成に関われる、という魅力を感じていた。

1995年に迎えた就活では「文系でモノを作る会社」くらいの基準で、いろいろ受けた。大手志向はなく、新聞やテレビにも興味はなく、出版や印刷に応募。よくわからないまま、人気企業だった分割前のNTTも受けている。

最後は「表現」「教育」の2軸に引っかかる会社ということで、「赤ペン先生」で知られる通信教育の**ベネッセコーポレーション**に決めた。

↑高校紹介記事の編集職（22歳〜）

同期は72人で、うち50人が東京。残りは全国に散らばって学校に進研模試の営業をかける部隊。Dさんは東京組で、進研ゼミ中学講座の部署（150人）に配属となり、まず「DM営業」を2年ほど担当した。DM(ダイレクトメール)をターゲット顧客に送り、進研ゼミの会員になってもらうのがミッション。その中身の企画、マーケティング、コンテンツ作成(ネーム作り、ラフ原稿作成)、物流管理から教材ラインナップ作りまで、一連のフローを全て担当するため、業務全体を俯瞰できた。ひたすらDMの制作を続けた。

3年目に定期異動で担当になったのが、会員(中学生)に送付する都道府県別の教材の冊子に入っている、高校を紹介する記事の作成。リアルに現地に赴き、高校に入り浸って、校長や教頭、学生を取材する。カメラマンや編集スタッフらと一つのものを作り上げるのが、楽しかった。

社員3人で全国をカバーするため出張続きの激務だったが、「これまでの仕事で一番面白かった」(Dさん)と言い切れるものだった。だが、ベネッセ全体の業績が悪化するなか、直接的な貢献が見えにくいエンタメ系のコンテンツは削られることに。この仕事は残念ながら3年間で終了した。

有無を言わさず異動となった次の部署は、事業推進室。ちょうど文部科学省による学習指導要領の改訂があったため、それに合わせて進研ゼミの教材を作り直す推進役だ。所属長の直属となり、幹部会を仕切って、各部のおしりを叩く役目である。6年目でこのポストは、社内的には出世コースと見られていた。ただ、黒子として動くのは向いていない。Dさん自身で9割方作った資料が、所属長の名前で公表され、「ありがとう」の言葉もない。モチベーションを保てなかった。

†表現動機を再確認

Dさんは、「現場に行きたい、異動させてほしい」と所属長に直訴。だが、示された異動先は「経営本部」だった。その部署の先輩たちを見ても、やはり自分としては仕事が面白そうではない。

ほかに具体的に希望する異動先があるかというと、現場で編集的な仕事ができるのは、進研ゼミとは別の事業部の、『たまひよ』などの雑誌を出している「育児・生活」事業部くらいだった。

だが、当時の『たまひよ』は、『グッディ』が廃刊となるなか、生き残りをかけた切迫した状況で、外部から中途で実績ある人材を引き抜く方針。社内から若手が異動できる環境ではなかった。もはや次の仕事はベネッセ社内には見当たらない。

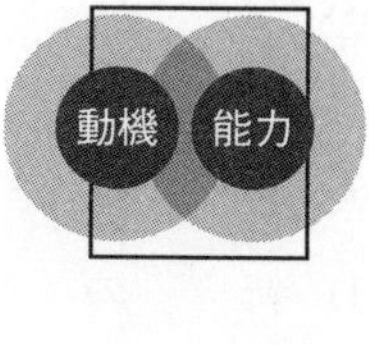

[高校紹介記事担当時] 二つめの部署で幸運にも、「表現」「教育」という当初志した業務に就く。能力としても向いており激務もこなせた。ところが全社的なコストカットで仕事自体がリストラされ、結局、離職へ。

そこで外部に目を向け、人材紹介会社に相談したところ、「あなたのキャリアだと、教育畑か、教育関係の出版業しか転職先はない」と言う。今思うとそんなことはないのだが、学習塾や教育出版では、同じような仕事を続けることになる。

ベネッセは当時、業績の悪化で現場も混乱しており、激務や人間関係の悪化から、新卒が5年で半分辞めるのも当り前。有名企業の中では、かなりブラック気味だった。Dさんも「辞めてじっくり考えながら探そう」と、次の会社を決めずに辞めた。在籍は5年8カ月だった。待遇は入社6年目で残業代込み年収500〜600万円と、悪くはなかった。

ベネッセでは、能力面で何が身に付いたのか。Dさんは言う。「第一に言葉の力。中学生に20文字で商品効果がわかるタイトルを考えるなかで、言葉は『伝える』のではなく『伝わる』ことが重要だと実感した」

「第二に、編集者の能力として重要なプロジェクトマネジメント力。タスクを束ね、納品まで推進力となる。この適性があるかは2年やればわかる、と社内で言われていました。適性がない人は途中で潰れて続けられないけど、自分は潰れるどころか、ワクワクしながらやっていた」

動機の面では、編集職から外れたことで「表現動機」を再確認。特に「出来上がったものを、一緒に作り上げたデザイナーやイラストレーターのところに持っていくときが、何より楽しかった」という。

†ディスプレイ会社でウェブを手掛ける（29歳〜）

会社を辞める前後、「編集」の仕事をメインの軸に据えて次を考えたところ、「紙は衰退する、次はウェブを手掛けたい」という考えが強まった。

当時29歳、ギリギリ第二新卒で、キャリアの幅を広げられる年齢だ。編集の幅を広げるためウェブの仕事をしたい、と考えていたところ、「会社を辞めたらしい」という噂があっという間に知人に拡がり、大学の先輩から声を掛けられた。「ウェブのコンテンツのマネジメントを手伝ってくれないか」

乃村工藝社という、イベントの展示やデザインを手掛ける会社で、ウェブを活用した新規事業を始めるところだった。まさにやりたい仕事だったので、個人事業主としての契約で週3回、手伝ってみることにした。Dさんには大企業志向はなく、ウェブで編集の仕事をするこ

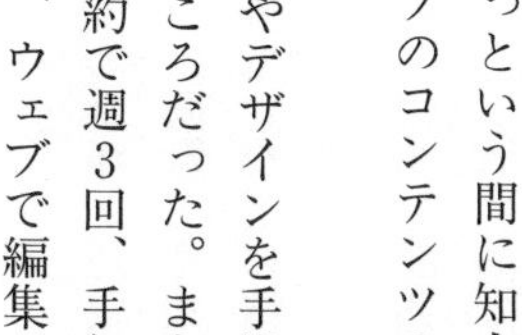

［ディスプレイ会社離職時］表現動機を再確認。ウェブでのスキルを追加し、紙もさらにスキルアップ。部署ごとリストラになり、移籍へ。

とが重要だった。

仕事は「イベントナビ」というサイトの制作・運営。ビジネスモデルは、各地の集客施設やイベントを取材してサイトに載せ、閲覧者を集める代わりに広告料を貰う。また、ヤフーなどで見かける「秋のおでかけ特集」などに情報提供して対価を得る、というもの。ウェブの知識をどんどん吸収していった。

1年ほど経ち、紙媒体の経験を買われ、約20万部発行のフリーペーパー『イベントナビ』の編集長も引き受けた。「幕張メッセ」など全国のイベント施設で配布されている、イベント情報誌だ。紙とウェブの両方を同時に回すようになり、週5、週6と、正社員以上に多忙になっていた。年収はベネッセ時代にプラス100万円ほどだ。

結局、2005年春まで3年ほど掛かりきりとなったが、会社のリストラ計画のなかで部署ごと解体することが決まり、雑誌は廃刊、サイトも閉鎖されることになってしまった。他部署での仕事の話はあったが、そもそも、乃村の本業である集客施設が好きなわけではなく、ウェブの編集を学びたくて関わった会社だ。「まったく迷うことなく、他社への移籍を考えた」(Dさん)

乃村では、身につけたいと思っていたウェブの知識を身につけた。閲覧者の導線分析や、クリックされやすい場所、SEO対策、キーワードの作り方、そして紙と違うスピード感。一方、当初よりあった表現動機は「ウェブも含めたメディアをプロデュースしたい」と、より明確になっていた。

†サイバー時代（31歳〜）

辞めることを公言して、転職活動を開始。クリエイターを多数抱えている人材紹介会社に「プロデューサー」として登録した。次は、自社メディアを持っているところに行きたかった。「自分でできる楽しみ」が重要と考え、大手は考えなかった。

紙とウェブ、双方の編集で実績のある31歳は、明らかに売り手市場だ。内定は、サイト受託開発の「IMJ」、SEOの「アウンコンサルティング」、そして「DHC」の通販雑誌『オリーブ倶楽部』（紙媒体部門）、「**サイバーエージェント**」の新規事業または不動産サイト。入社後の担当が「不動産サイトか、新規事業」と明示されていたサイバーを選んだ。

仕事は、不動産サイト「Live in Tokyo.」のディレクター。入社した月に、マンションのモデルルーム取材に行き、デザイナーと組んでサイトに載せたコンテンツが、「今までにない感じ」ということで、社内の月末表彰で「ベストクリエーター賞」に選ばれた。

「自分は才能はわからないが、とにかく『伝えたい』という思いがあって映像や雑誌を作ってきた。中学生くらいから学園新聞の編集部員をやっていたし、美術の点数も良かった」（Dさん）

サイトを運営していくなかで、半年ほど経つと、いろいろ気づくことがあった。特におかしいと思ったのは、同じ会社内なのに、表記がバラバラなこと。同じ言葉でも、平仮名か漢字か、漢数字か英数字かなど、統一基準がなく、問題だと思った。上司に表記の統一を進言すると、外部に向けて発信する仕事に就いている60人ほどを集め、勉強会をやることに。そのための質問や「虎の巻」を作った。ベンチャーらしく、言いだしっぺがやるカルチャーだ。

ほかにおかしいと思ったのが、人事。上司が仕事を投げ出して、突然いなくなった。「あの人、なんなんですか？　この会社のマネジメントはおかしい」と当時の人事部長に問いかけた。人事担当者からは「一緒に人事をやりましょう」と誘われたが、自分は人事をやるつもりで転職してきたのではない。だが、確かにこの会社の人事はおかしい。Dさんは社員番号900番台なのに、入社当時の社員数は400人ほど。離職率は高く、同時期に入社した16人のなかでは、2日後に辞めた人もいたほどだ。

自分も中途組の1人として感じることが多々あった。中途は、新卒に比べ、搾取されている感じがあり、特に営業職は、数字を追いかけて疲弊している人が多かった。再び、今度は中途の評価方法について、担当人事のところに赴き、「間違っている」と進言。Dさんの編集経験上、メディア系の人が何にどのくらいの時間がかかり、そのプロセスも考慮した評価にすべきであること、デザイナーの採用で注意すべきことなど、意見を述べた。

入社して1年ほどで「Live in Tokyo.」は「フルスピード」社に営業譲渡されることに。Dさんは、メディア系の部署に副部長として異動するか、人事へ行くかの選択を迫られる。悩んだ末、Dさんは「教育」「表現」という原点に立ち戻った。「人事は教育の要素が強い。ベネッセに入ったとき、他人の人生基盤を拡げたいと考えた。また教育に戻ってもいいのではないか、と」

そしてもう一つ、「32歳でキャリアチェンジできるのも悪くない、キャリアの幅を拡げられる」と考えた。人事部のなかでも労務は基礎知識がかなり必要だが、採用と育成は取っ掛かりやすい。

2006年6月から人事本部に異動し、メディア事業部の中途採用を担当、採用のミスマッチに取り組んだ。「エルカフェ」という女性活性化プロジェクトも始めた。だが会社の方針で、わずか半年後に、中途採用の禁止が決まった。残る仕事は、グループ総会のプロデューサーや、新規事業提案制度「ジギョつく」、社内転職制度「キャリチャレ」といった、社内活性化策のコンテンツ作りなどだった。

Dさんが手掛けた「中途採用や活性化」は、人事の業務全体の3分の1程度。ほかに「労務」と「新卒」のグループがあったが、他グループの仕事には着手できそうになかった。「パイの3分の1しか食べさせてもらえないのでは面白くない、成長できない」と感じたDさんは、転職も含め次の展開を検討した。

†子会社へ（35歳〜）

そんなとき、「マイクロアド」という会社が、本体からスピンアウトし、人事担当者がほしい、と言ってきた。マイクロアドに行かないか、という打診を受けたDさんは「これで人事全体をできる」と出向を決めた。約60人の会社を、新卒も中途も労務も、1人で全て見るのだから、やりがいがある。「しっくりきてる」と思えた。新卒も2年で16人採用した。

2009年には、7カ月間の講座に通って、「産業カウンセラー」の資格も、自費で取得。メンタル系の問題を抱えた人の相談が増えていたためだ。会社としては「大企業ではないので、付いてこれない人には去就の言及も」という方針で、これが経営方針であることは理解できるが、人数が多いため、ケアするスキルを向上したかった。

現在は、評価制度を本体から切り離す仕事を進めている。収入は７００万円弱と、仕事内容に比べ高いとは思えないが、今は上司にも仕事にも恵まれ、「この2年の自分は充実していて好き」だという。

最近思うのは「人事ってクリエイティブだな、表現活動だな」ということ。こういう人たちになって貰いたい、という思いを表現し、伝えるのが、今の仕事だ。人材紹介会社は最初の転職活動で「ベネッセのキャリアでは、教育畑か教育関係の出版業しかない」と言ったが、同じ教育でも、社内で異動することによって、企業の人事部で「社員教育」に携わることになったのだ。

思えば、紙媒体が「人・組織」に変わり、目線が現場から経営に変わっただけで、「教育」「表現」という両軸はブレていない。キャリアは、確かに一本でつながっている。「教育

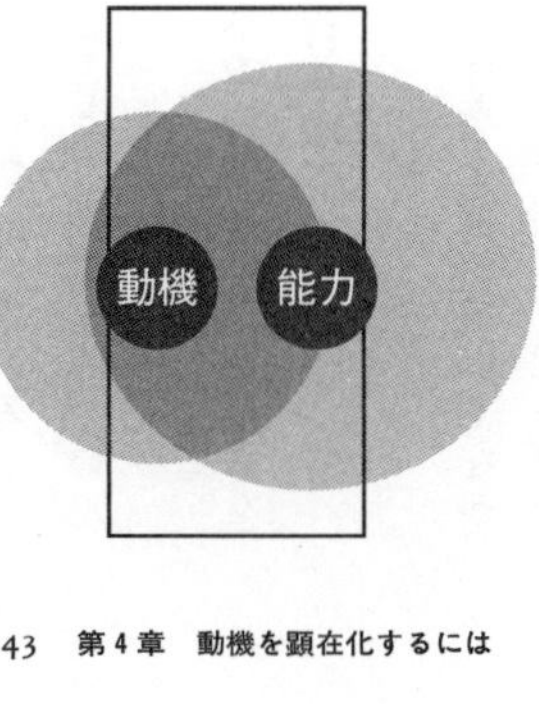

［サイバー子会社時点］人事のスキルが加わり、カウンセラーの資格も取得、能力は拡大。「教育・表現」動機が、実は人事部の仕事内容にも合致することが分かり、人事の能力を開発中。

のなかでも、教壇に立って教える教育ではなく、一対一で指南するのが向いている。人が好きで、嫌いな人が、ほぼいない。ヒザを突き合せた人は、とことん面倒をみたいんです」（Dさん）。コア動機は、かなり明確になった。

「自分のキャリアは正解だと信じている。だから後輩にも、一本でつながった『自分を信じられるキャリア』をつくりなさい、と言っているんです」（Dさん）

Dさんは、教育したい、表現したい、という漠然とした動機を、仕事を進めていくなかで、どんどん顕在化させていった。教育については、教壇に立つのではなく、一対一で指南するタイプの教育動機が強いこと。「こういう人たちになって貰いたい」という思いを表現することで満たされること。表現動機は、人事という仕事は、それらの動機を満たすものであり、Dさんは今の仕事にやりがいを感じている。

それらは一言で言えば、「根底には、人を思う方向に仕向けたい、という支配欲がある」とDさんは語った。これが現状わかっているコア動機、ということになりそうだ。

一方で、Dさんは能力の開発のほうも怠らなかった。表現媒体を紙からウェブに拡げ、さらに人事業務に拡げた。そしてカウンセラー資格も取得。「自分はキャリアを常にチューニングしてきた。後ろを振り返り、自分が積み上げてきた積み木を見て、市場価値を考えている」（Dさん）というように、意識的にキャリアが停滞しないようにしてきた。

動機と能力は、キャリア形成における「車の両輪」だ。次章では、「能力」のほうをどうやって発見し、見極め、開発していくべきか、について詳細に述べる。

第５章
能力を開発するには

動機がわかっても、能力がない人は仕事がデキないばかりか、むしろ企業にとっては銃殺されるべき存在になりかねない（72頁参照）、と述べた。能力があっても、高い能力＝高い給与、すなわちキャリアの成功と勘違いしている人も多いし、弱点の克服こそ重要だという迷信に騙されている人も多い。自分の能力は、正しく効率的に開発していかねばならない。本章では、能力開発のセオリーについて述べる。

†才能＋知識＋技術＝強みを持つ能力

能力には正しい開発の法則がある。それは、自分の才能を見極め、そこに重点的に知識と技術を加えていくことだ。しかも、その能力は、少なくとも予想しうる将来、自身の動機に合致する仕事内容で役立つ見通しが立っていることが望ましい。

前章で、動機の中心、つまり「コア動機」の背後には「価値観」があると述べたが、同様に、能力の中心を「コア能力」と呼ぶなら、その背後には「才能」がある。才能とは、先天的に備わっている優れた資質で、能力とは、才能にプラスして後天的に身についたスキル（知識や技術）の総称である。

ベストセラー『さあ、才能に目覚《じぶん》めよう』（マーカス・バッキンガム、ドナルド・O・クリフトン共著、日本経済新聞社）では、この才能について以下のように定義している。

「才能」……無意識に繰り返される思考、感情、行動のパターン
「知識」……学習と経験によって知り得た真理と教訓
「技術」……行動のための手段

そして、才能＋知識＋技術＝「強み」であり、強みの定義は「常に完璧に近い成果を生み出す能力」であるとした。マーカスは、「強み」を意識的に伸ばすために、自らの才能（資質）を理解し、知識と技術を、才能ある分野で修得することに時間を傾斜配分することこそが決定的に重要だ、と説いている。

マーカスは統計で有名な「ギャラップ社」でビジネスリーダーの調査に17年携わってきた人物で、これは統計的な結論だという（なお、スポーツ選手における筋力や持久力など肉体的な才能は、脳とは別の必要条件である）。

マーカスによると、「強み」の源泉となる才能とは、脳の神経細胞（ニューロン）同士の橋渡し役になる「シナプス」の回路を指し、これは10代の半ばに固まって以降、生涯変わらない。ようは、パソコンの中に入っている半導体の集積回路みたいなものをイメージすればよい。一度固まった回路は、入ってくる情報に対して、常に同じパターンで信号を変

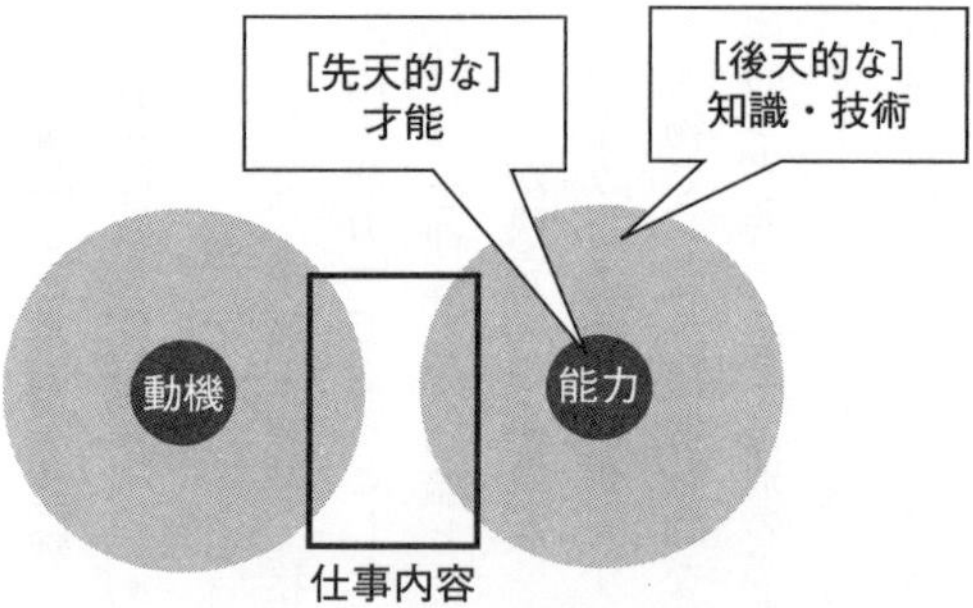

本書キャリアモデルにおける
「才能」と「知識・技術」の位置付け

換して送り出す。この脳内回路が個々人によって異なるため、各自が様々な才能を持つ。

私にとって、マーカスのロジックはまったく違和感のないものだった。本書のキャリアモデルに当てはめて言えば、図のようになる。

才能がまったくない分野でいくら能力開発をしてみたところで、「コア動機とコア能力の双方と被る部分で仕事を得る」というキャリア目標を達成できない。つまり、ハッピーなキャリアにはならない。

この議論で興味深いところは、弱みを伸ばすことに比べ、強みを伸ばすことのほうが、いかに人間にとって自然で、かつ効率よく生産性の高いものなのか、を生物学や行動遺伝子学などの研究事例から説明している点だ。「脳にとってすでにシナプス結合がたくさんある領域に新しいシナプス結合を作るほうが簡単なのだ。よって、すでに強い分野でもっとも成長すること

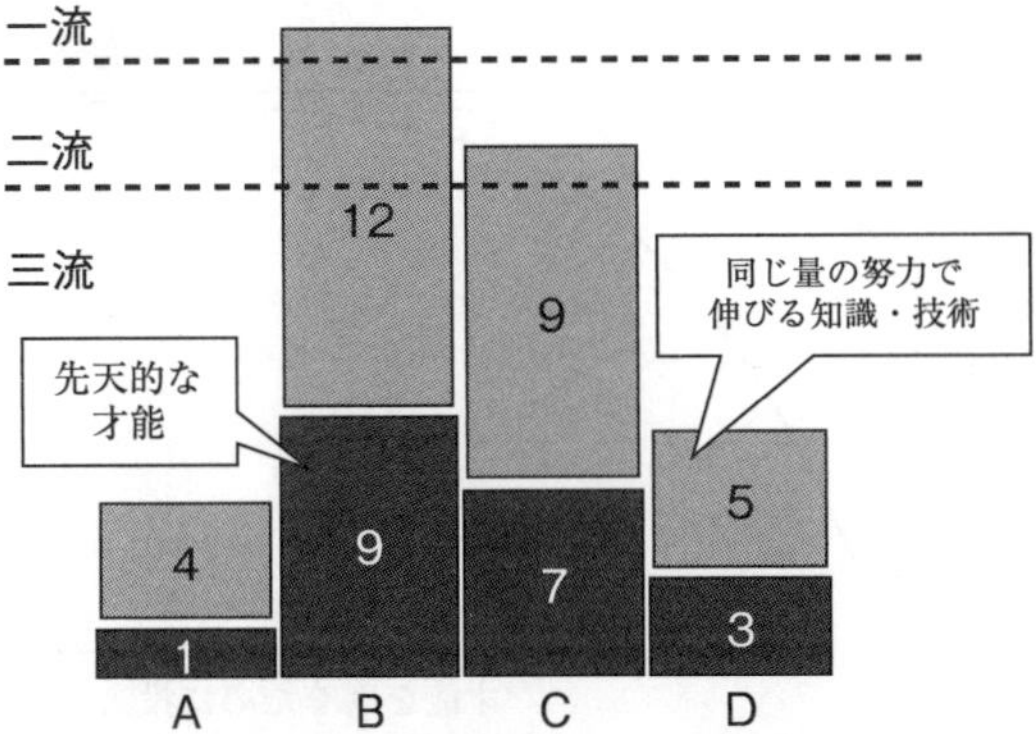

ある1人の人間が持つ様々な才能と伸び方

ができる」（マーカス・バッキンガム『最高の成果を生み出す6つのステップ』日本経済新聞出版社）。これを私なりにイメージ図で示すと、上のようになる。

ポイントは、まったく同じ量の努力（時間）をしても、もともと才能が1しかない「才能A」の場合は後天的に4しか伸びず、逆に才能がもともと9ある「才能B」については、12伸びる、という点だ。この差もあくまでイメージであるが、同じ時間だけ努力をしても、伸びる能力の絶対値は大きく異なる。つまり、加速度的に差が付くのだ。その結果、最初の段階で、どの才能を伸ばすと決めたのかが、強みを形成して一流になれるか、または二流以下で終わるのかを分ける、決定的な原因になる。

マーカスの言う強み＝「常に完璧に近い成果を生み出す能力」は、図で表すと、次頁のような漸近線（無限に接近してくる曲線）で表せる。完璧な成果を

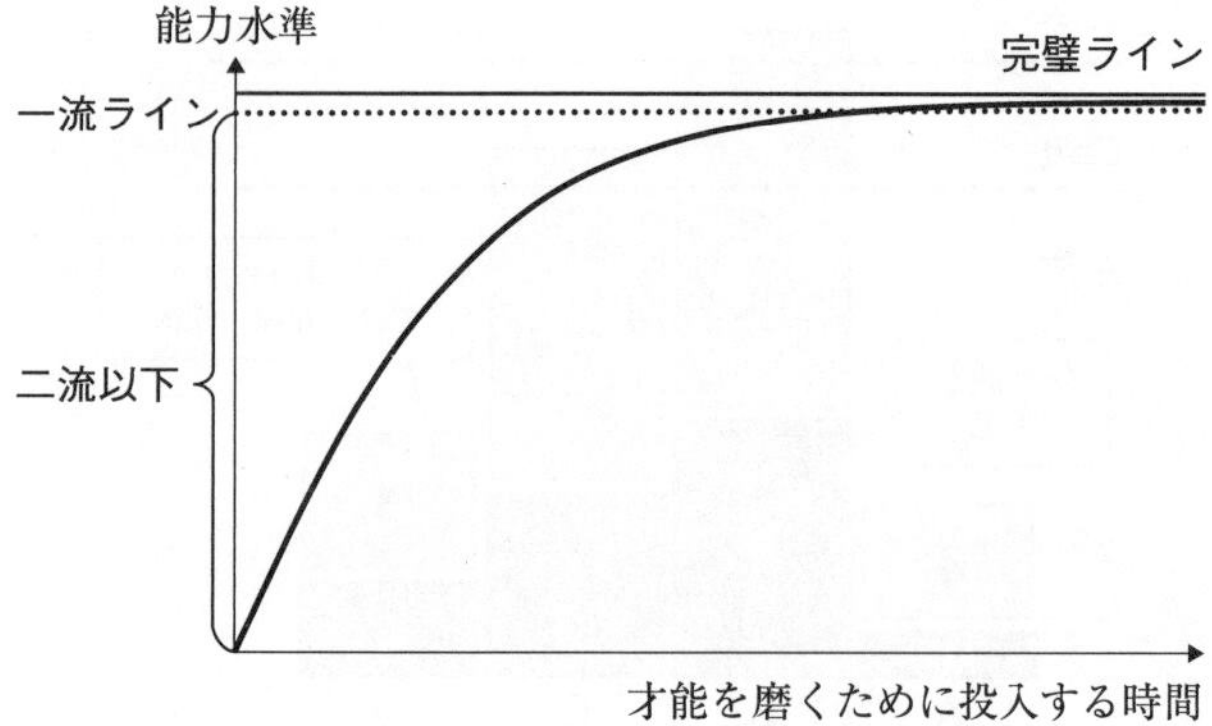

一流のラインと完璧ライン

求め、才能を伸ばして、限りなく完璧に近づいていくのだが、完璧に近づくに連れ、一投入時間あたりの能力の伸び率は、どんどん下がってゆく。一流の到達ラインはきわめて高く、二流以下との差は、ごくわずか、紙一重だ。この図で何が言いたいのかというと、「わずか」であるがゆえに、先天的な段階で既についてしまっている才能の差は一生、埋まらない、ということだ。しかも、後天的な努力で、同じ時間でも、さらに加速度的に差がつく。つまり、逆説的に聞こえるだろうが、「わずか」なのに、一流と二流の差は大きいということだ。野球選手は１００回の打席のうち、たった5回だけ良い判断をするか否か、で一流か二流か、が決まってしまう。27回ヒットを打てば打率2割7分で二流、32回打てれば3割2分で一流だ。

†「ほんの少しの才能を持つこと」は難しい

このように、才能を伸ばして強みにすることは決定的に重要だ。にもかかわらず我々は、**弱点を克服することが重要だ、という「神話」によって、無駄な時間を使ってしまう。**特に国別比較で、日本と中国では「成功への鍵は強みにある」と答えた人の比率が24％しかおらず、米国の41％に比べ低かったという。

「強みに集中し、強みを活かす」というのは組織にせよ個人にせよ、競争社会で生き残るための絶対的な法則で、経営学者のピーター・ドラッカーも繰り返し強調している。

> 努力しても並にしかなれない分野に無駄な時間を使わないことである。強みに集中すべきである。無能を並の水準にするには、一流を超一流にするよりも、はるかに多くのエネルギーを必要とする。しかるに、多くの人たち、組織、そして学校の先生方が、無能を並にすることに懸命になっている。
>
> ――『プロフェッショナルの条件』ダイヤモンド社

「努力すれば報われる」と言っておけば、とりあえず政治的に正しい（Politically Correct）し、戦後の時代は経済が右肩上がりだったから、確かに、誰もが上昇の角度は違えど、努力すれば報われた。だから、年配の人ほど好んで使う。

だが「ポスト戦後」の今となっては、それが真っ赤な嘘であることに、多くの大人は気づいているはずだ。全体のパイが増えないなかでは、才能なきところでどんなに頑張っても、絶対に報われない。本当のことを言ってしまうと身も蓋もないから、大人は子供に無条件で努力の重要性を説くが、本当のことを教えるべきだろう。「才能ある分野で努力すれば、きっと報われる」「才能なき分野で努力しても無駄骨だ、おまえは絶対に失敗する」と。

企業の採用活動の早期化は、才能は一生変化しない、という普遍的法則の一つの証明である。知識や技術は会社に入ってから教育して身につけさせればよいが、才能は後から追加できないから、これを取り逃がすと取り返しがつかない。決定的に重要なのは才能であって、大学で何を身につけたかなど、企業から見たら本当にどうでもよいオマケの情報、というのが本音の本音なのだ。

数百社の中小・ベンチャー企業の採用支援を手掛け、1万人以上の学生を企業に送り込んできたというワイキューブ社長の安田佳生氏は、「人材は育たない」が持論だと公言している。才能・資質は社会人になってから変わるものではないということを指して言っているのだが、これにはまったく同感である。

たとえば商品開発なら、商品開発の源である「クリエイティブな力」が必要だし、営業ならば、顧客のニーズを察知できる「マーケティング力」や「コミュニケーション力」が要求される。そしてたいていの経営者は、バカでないかぎり、その仕事に必要なスキルがゼロということはないと思っている。

しかし、これはとんだカン違いで、そうした力、つまり才能を、バカではないにもかかわらず、一パーセントも持ち合わせていないという人間は、意外と多いのである。「ほんの少しの才能」を持つことは、それほど難しいことなのだ。

——『採用の超プロが教えるできる人できない人』サンマーク文庫

私の大学時代の友人を見ても、デキるやつは社会人になっても確実に成果をあげているし（動機の問題から能力はあるのに自らドロップアウトしてしまった人はいる）、普通だった奴は普通にビジネスマンをやっているし、ダメな奴はずっとダメだ。ダメになる人はいても、逆に「ずいぶんと見違えるように育ったな、予想外に化けたな」と思える人など、１人もいない。

我々は、自らの才能に逆らって生きるのは不可能であり、才能は生涯つきまとうもので変えられない、という冷酷な現実を、まず受け入れないといけない。「若者には無限の可能性が……」なんて嘘っぱちなのである。

†ストレングス・ファインダー

となると、自分が先天的に持つ、比較優位な才能（資質）をどうやって早期に知るかが、キャリアにおいては、決定的に重要となる。だが、自分に固有の先天的な才能は、特段、努力して身につけたものではないがゆえに、「あって当然」と思ってしまいがちで、他者との比較などを意識的に行わない限り、容易には気づけない。

誰でも、自らの強みについてはよくわかっていると思っている。だが、たいていは間違っている。わかっているのは、せいぜい弱みである。それさえ間違っていることが多い。しかし何ごとかをなし遂げるのは、強みによってである。弱みによって何かを行うことはできない。できないことによって何かを行うことなど、とうていできない。

――『プロフェッショナルの条件』ダイヤモンド社

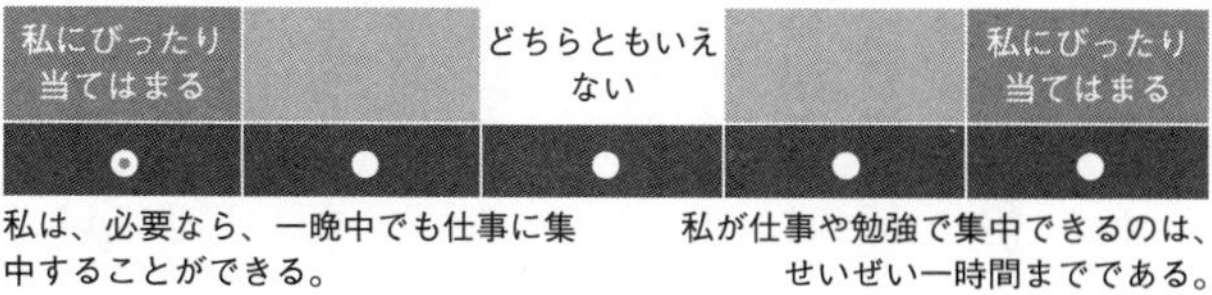
私にぴったり当てはまる
どちらともいえない
私にぴったり当てはまる
私は、必要なら、一晩中でも仕事に集中することができる。
私が仕事や勉強で集中できるのは、せいぜい一時間までである。

ストレングス・ファインダーの質問例

ここでいう「強み」の源泉が才能（資質）である。『さあ、才能に目覚めよう』では、ウェブ上で5つの資質を発見するツールを利用できる（パスワードを本の表紙裏に印字）。

質問項目は180問あり、たとえば、「私は、必要なら、一晩中でも仕事に集中することができる」と「私が仕事や勉強で集中できるのは、せいぜい一時間までである」のどちらに当てはまるかを5段階で答える、といった内容。集中できるか否かだから、これは確かに「動機」ではなく「能力」のほうを見極めるツールだ。

この質問には「私にぴったり当てはまる」にチェックした。本書を書いていて、家から一歩も出ずに3日目の朝を迎えたことがあるが、私は気分が乗ると12時間くらい平気で集中できる。

こうした質問に対し、1問あたり制限時間20秒以内に直感で答え、10分ほどで終わる。そして、34の資質のうち、自分だけに特徴的な資質が、5つ示される。

私の結果は、以下の通りだった。

①最上志向、②戦略性、③責任感、④信念、⑤未来志向

いずれも違和感はまったくないばかりか、ドキッとさせられたので、そこそこ信用してよいツールと感じる。これらが、私の脳回路で強みになりうる特徴ということらしい。

解説によると「最上志向という資質を持つ人は、強みを利用して、平均的ではなく最高の水準を、個人ないしは集団において追求します。単なる強みを最高レベルのものに変えようとします」「あなたは、あなたを型にはめて、弱点を克服させようとする人々を避ける傾向があります」とある。私は最初の会社で型にはめられそうになって組織と喧嘩した経緯があるし、「みんなと同じに」とばかり言う平凡志向の両親とはまったく脳内回路が違うことに昔から勘付いていたので、これは自己分析とも一致する。

私が今、独立してネット新聞事業でやっていけているのは、②戦略性でニュース業界でのポジショニングを考え抜いたからだし、やり遂げるほかないという③責任感、ジャーナリズムを貫きたい④信念、未来のインターネット新聞を構想する⑤未来志向と、ことごとく資質を活かした結果ともいえる。

†資質と職務のマッチング

34のなかから5つの才能がわかったところで、どう活用できるのか。マーカスの調査によると、以下のことがわかっているという。

①分野（渡邉注……ほぼ業種・業界という意味で使っている）と資質は直接的な関係がない

②ある職務で秀でた人たちには、共通する資質がある

職務で言えば、たとえば医師の多くに〈回復志向〉がみられたり、教師にはおおむね〈成長促進〉〈共感性〉〈個別化〉の資質があるという。いずれも私にはないものだから、私は医師になっても成功する確率は低そうだ、と判断することはできる。

ただ、「この職務にはこの資質に秀でた人が多い」といった全体の対応表のようなものは作成されておらず、一部が例示されているにとどまる。おそらく作ろうとしたが、場合分けが多すぎて無理だったのだと思う。

マーカスは、販売員には〈指令性〉〈活発性〉〈競争性〉といった三つの資質を持つ人が多いと述べているが、訪問先が決まっているルートセールスと新規開拓では、同じ販売でもまったく異なる資質が要求されるはずだし、売るモノの単価や中身でも変わる。

新規開拓型の典型といえる保険のセールスでは、たとえばプルデンシャル生命のライフプランナー（営業）を取材したことがあるが、成績上位の常連には、二つのタイプがいるという。一つは、感受性が高く、共感力があって、顧客の立場で親身にじっくり相談に乗れるタイプ。もう一つは、そのまったく逆で、感受性がなく、ソルジャーのごとく突き進

み、ひたすら数をこなしていけるタイプだ。両者の資質は、正反対である。

また、マーカスは「次の日にどこに行くのかもわからないような仕事だ」という理由から、ジャーナリストの大半は優位を占める5つの資質の中に〈適応性〉を持っている、と述べているが、これは社会部系の新聞記者の場合であって、佐野眞一や立花隆のように一つのテーマを決めて調査報道するじっくり型のジャーナリストには当てはまらない。

このように、同じ職務でもその内容はバラエティーに富むため、個別に検討しなければいけない。たとえば私は5つのうちの一つに〈未来志向〉がある。だから、過去を振り返ることが仕事のほとんどである税理士や会計士の仕事（経理や監査）は最大の苦痛だろう。自分の会社の決算チェックすら疲労感を持つ。既に終わった決算期の中身を延々とチェックする仕事は、私の脳内ではシナプスがまったく結合しようとせずストレスになることが、実感としてわかる。資質がないのだ。

つまり、自分の今の職務に必要な資質は何かを考え、自分の5つの資質との整合性がとれているかを検討するという「ギャップ分析」のツールとしては役立つが、ゼロベースのところから、「この資質があるからこの仕事」という使い方はできない。

資質にあっていない職務内容はチェンジし、あっている資質については、知識・技術に磨きをかけて強みを形成する。**この「資質ポートフォリオ」を改善するためには、現状の**

仕事のなかで変えるか、社内転職を試みるか、社外への転職をするか、しかない。必ずしも会社内にとどまる必要はない。

マーカスは企業からお金を貰うコンサルタント業を生業にしている立場上、現在の企業内の今の仕事のなかで、いかに「強みを活かし、弱みを殺す」ことで成果を挙げるかについて、次書『最高の成果を生み出す6つのステップ』で具体的にソリューションを提示している。しかし、これはかなり苦しいロジックだ。強みを活かせないのならば社外への転職も当然考えるべきだ、と働く個人の立場から、私としてははっきり言っておく。

†ベルビンのチームモデル

マーカスが「すぐれたチームのメンバーは、チームのためならどんなことでもする」という神話（間違っている常識）を紹介しているが、日本企業のビジネスパーソンは特に、社内でオールマイティーなゼネラリストたらんことを期待されがちだ。何でも出来なきゃいけないから、弱みを補強しようとして、強みにつながる資質を磨く時間が相対的に奪われ、社内でしか通用しない「会社人間」になっていく。

得意でないこと、資質に欠ける仕事はバッサリ切り捨て、それぞれの社員が強み（得意分野）に集中するほうが、チーム全体としても、最良の成果を生み出せることになる。チームワーク理論で有名な英国の研究者、メレディス・ベルビンは、成功するチームの基本的な要因として、理想的なチームには9つの役割を担う人が必要で、そのバランスがキーとなる、としている。

1 プラント（PLANT）創造力があり困難な問題を解決できる人
2 モニター（MONITOR EVALUATOR）論理的で優れた戦略的判断力を持つ人
3 コーディネーター（CO-ORDINATOR）優れた議事進行者で、明確な目標を示し意思決定を促すことができる人
4 資源探索者（RESOURCE INVESTIGATOR）外交的で熱中しやすく、好機を探る人
5 実行者（IMPLEMENTER）有能で頼りがいがあり、アイデアを実行に移せる人
6 補完的完成者（COMPLETER FINISHER）勤勉で誠実な仕事を納期通りに行い、誤りや手抜きにうるさい人
7 チームワーカー（TEAMWORKER）協調性があり、もめごとを避けるが、人の話をよく聞き、仕事を完成させる人
8 形づくる人（SHAPER）挑戦的で、チームが動き続けるために精力的に障害に立ち

向かっていける人

9　スペシャリスト（SPECIALIST）特定分野の深い知識やノウハウをもつエキスパート

『Belbin Team Role Theory』（http://www.belbin.com/）より

これも発見ツールがある。私はコンサルタント時代に、チームマネジメント研修の最初に、質問票に答える形で診断を受けたことがある。私の結果は、「IMPLEMENTER」（実行者）だった。確かにチームワーカーではないし、外交的でもないし、コーディネーターでもないから、消去法で、まあ納得した。

この分析ツールは法人向けで、一般には公開されていないようだ。ビジネスパーソンは組織に所属し、チームで仕事をすることが多いので、自分の資質がどこにあるのかを常に探し、得意分野において知識と技術を蓄積して強みを築くことを目指すべきである。

†能力のライフストーリー分析

動機と同様、ツール類で分かるのはアバウトな範囲にとどまる。もっとも有効なのは、ライフストーリー分析である。小さい頃から社会人にいたるなかで、「**他者に比べ、**（圧倒的に）**能力を発揮できた瞬間**」をじっくり思い出してみるのだ。

ケース①地銀のAさんの場合、それはソロバンだった。「ソロバンの天才」が経営しているると地元では言われていたソロバン塾で、その〝天才〟から認められた。姉よりはるかに速く上達した。また高校2年でクラス分けする際の適性判断テストで、「情報処理」の適性が強く出た。逆に国語が大の苦手で、当初は東工大が第一志望だったが、センター試験の国語ができないために受験を諦めたほどだ。だから社会人になってから、簿記一級をとって財務・経理を軸に能力開発していったのは、間違っていなかった、と感じている。

ケース⑤教育のDさんについていえば、入社3年目から3年間担当した、全国の高校を取材して記事を書く仕事で能力を発揮できた。チームリーダーとして年上社員2人を率い、社外スタッフも同時に束ねる。激務なのに充実感があり、面白かった。「この才能があるかは、2年やれば分かる。ない人は潰れる」。社内ではそう言われていたので、編集やマネジメントの資質はありそうだ、と思えるようになった。

私についていえば、最初の転職活動で、不採用通知を10通貰ったことで、戦略系コンサル会社で働く才能はないことがわかった。面接ではフェルミ推定（答えが難しい問題に対してロジックを考え推定させる）のケースなど、即興的な頭の回転の早さを見られるが、私はからっきしダメだった。

同じ無能感は、大学時代のディベートのサークル活動でも感じていて、その場で即興でテーマを決めて行うディベートは、私には無理だった。逆に、事前にテーマを決め、じっくり考える時間があったうえで論理的に結論を考え出す「立論」は得意だったし、考えるプロセスにおいても集中力が発揮され、自己有能感があった。この資質は、コンサルでも今の執筆活動でも、役立っている。

新聞記者時代に感じたのは、やはり「文才」という才能は存在する、ということだ。先輩が書く企画記事を見ても、明らかに「書き出しから読ませる」うまい文章を書く記者と、ただのデータにすぎない文章を書く記者がいた。そして、これは10年研鑽を積もうがダメな人はダメで、若くてもうまい人はうまい。成長はしないということだ。才能の問題、脳のシナプス結合の問題だからであろう。絶対音感、ならぬ絶対文章感が自分にまったくないと感じたなら、私は今、この仕事はしていない。このように、職場の同僚との対比のなかで、自分の能力がわかってくるのだ。

コンサル時代には、プレゼンが下手すぎて、「プレゼンテーションの達人」なる研修を受けるよう命じられたことがある。あれも才能がない人にとっては苦痛そのものだが、逆に生来のプレゼンターみたいな人も確かにいた。営業にしても、明らかに才能がある人がいて、25歳なのに10歳は老けて見えて落ち着きがあり、クライアント役員に気に入られてどんどん仕事をとってくる人がいた。私はプレゼンや営業が欠かせない仕事では自分に勝ち目がないと悟り、早々にコンサルで一流を目指すキャリアはあきらめ、自身の強みを活かして一流を目指せる今の仕事を始めた。

本章の終わりで紹介するインフラのEさんも、最初に入ったNTTの官僚的な社風では能力アップできない、と逆のカルチャーをもつコンサル会社に転職したものの「議論の中で付加価値のある発言をする」という能力面で限界を感じ、2年弱で事業会社に転職した。Eさんは「しゃべってモノを伝える才能」を強いと考えていたが、それはコンサルで活かせる種類の強みではないことに気づいたのである。

このように、才能は、就職・転職活動を通して気づいたり、働くなかで気づかされる。重要なことは、弱みを補強するのではなく、才能ある分野で知識・技術を強化し、その強みのある能力が活かせる仕事内容へと、自分の職場を移していくことだ（具体的な移動方法については次章で述べる）。

私の場合は、就活の準備で作文を書いて友人らと回し読みをしているなかで、「あるかも」と思えた文章力と、新聞記者時代に普通以上にはあるな、と思えた取材力、コンサルをやっていく中でわかった論理的思考力、前述した5つの資質のなかにも出てきた戦略性あたりを強みとして、今の仕事（ネット新聞経営、著述業）ができている。

このように実際にキャリア開発で役に立つ才能というのは、マーカスのいう34の資質よりも、もっとスペシフィックで具体的なものが多いので、やはりライフストーリー分析のなかで細かく特定してゆくほかない。

強みを掛け合わせると、希少性や相乗効果が生まれる。新聞記者は全国紙だけで各社2000〜3000人いるから5大紙で1万人強。大手コンサル会社に所属するコンサルタントも、業界全体で1万人ほどと推定される。この、計2万人のうち、私のように、両方を3年以上経験している人がどれだけいるだろうか？　おそらくは、一桁だろう。この希少性は決定的な強みになる。

記者は取材してストーリーを描くことはできるが、フレームワーク思考やロジカルな構成、新しい概念を打ち出せない。コンサルは抽象的な概念やピラミッドストラクチャーのロジックツリーで顧客を説得する訓練はされているが、読み物を書く能力は劣る。私は両者のハイブリッドによって付加価値の高い仕事ができていると思う。

†自分の才能が分かるとき

才能は「仕事をしていくなかでわかる」と述べたが、見逃さないよう、もう少し具体的な見極め方を述べておこう。どのような状態のときが才能と関係しているのか、である。

スポーツで「ゾーンに入る」という表現が使われることがある。石川遼選手は「ミスするイメージがまったくなくて、最後まで平常心でプレーできた。これを〝ゾーンに入った〟というのかもしれない」と話した（２０１０年５月２日、男子ゴルフツアー「中日クラウンズ」で大逆転の優勝を遂げた際のインタビュー）。

前述したとおり、もともとある才能に、さらに知識と技術を加えていくと、「強み」を発揮する能力となる。その定義は「常に完璧に近い成果を生み出す能力」だったことを思い出していただきたい。石川選手が「ミスするイメージがない」のは、常に完璧に近い成果を収められることと同義だ。すなわち、ゾーンに入るとは、才能が発揮できている証拠である。

スポーツ心理学者は「ゾーンに入る」といい、心理学者チクセントミハイは「フロー状態」、マズローは「ピーク経験」、脳生理学者は「α波が出ている」と表現する。アーティスト系だと「音楽の神様が降りてきた」などと表現する。細かい違いはあっても、私の理解では、すべて本質的に似たような状態を指している。

すなわち、自分の現状能力に対して若干、難易度が高めな仕事が目の前にあり、内発的な動機に突き動かされて、全力で取り組む。簡単にできる仕事ではないから、集中力を要する。その仕事に必要な資質を持ち合わせている場合、無意識下でクリエイティビティが発揮され、新たに脳回路でシナプスの結合が起こり、仕事を成功裏にやり遂げることができる。気がつくと集中のあまり時間を忘れていたが、心地よさや幸せ感が残る。

この状態で仕事をやり遂げると、「一皮むけた」と感じることがある。それが、能力アップの瞬間だ。もともとあった才能を基盤として新たな能力が引き出され、能力がストレッチされる感覚。そして、リアルタイムな成長実感。この感覚は、挑戦のレベルが、自分の能力と釣り合っていないと生じない。少しストレッチされた難易度であることが重要だ。

マーカスの解説によると、この状態では、何が脳内で起きているのか。「強みを生物学的に支えるのは、脳内のシナプス結合によって複雑に張り巡らされたネットワークだ。そのことはすでにおわかりだろう。既存の基盤に便乗する自然の習性から、シナプス結合がもっとも多く存在する領域で、もっとも盛んに新たなシナプス結合が作られることもわかっている。その領域であなたは一番多くのことを学び、最多の新しいアイデアを生み出し、最高の洞察力を発揮する」(『最高の成果を生み出す6つのステップ』)。

つまり、才能がさらに開発されているわけである。そういう瞬間が、仕事を続けていると、大なり小なり、誰しもある。それは、受験勉強で難解な数学の問題を解いたときかもしれないし、就職活動の準備で優れた作文や小論文を書けたときかもしれない。そう感じられたときが、自分の才能を発見したときなのである。

ケース①地銀のAさんについていえば、自信が持てるようになったのは30歳くらいからで、ある出来事がきっかけで吹っ切れたという。当時、勤め先だったオークラは創業以来の経営難を迎えており、借り入れが多すぎて、資金繰りが苦しかった。そこで、銀行側の手の内を知りたい、どうすれば銀行に安心感を与えられるか、ということで、銀行出身のAさんに声が掛かった。

Aさんは銀行での融資担当経験をもとに、短期・長期で借り換えをした場合などのシミュレーションを詳細に行い、銀行員の視点にホテル業で得た知見を加え、もっとも融資決裁を通しやすい財務数字の見せ方を考案し、提示した。当時、オークラは資金繰りが綱渡りの割に銀行出身者がいなかったため、そのレポートは取締役から高く評価され、現場の社員にまでその噂が広まるほどになった。一皮むけたな、と思えた瞬間だった。Aさんはその後、次々と重要な仕事を任されるようになり、海外ホテルの売却交渉や重要顧客との契約なども手掛けるようになる。

才能を知る実感は、なにも大それた『プロジェクトX』のようなものである必要はない。私の例でいえば、コンサル時代に、クライアントに説明するためのプレゼン資料を作成していて、自分で表現したいことが1枚のきれいでシンプルな図にまとめることができたときがそうだ。だいたい深夜の誰もいないオフィスで極度の集中状態にあるときに、クリエイティブな概念図を思いつく。これには、投入した時間を忘れる充実感がある。

または、チーム内での議論が暗礁に乗り上げ、みなで解決策を模索し、集中状態に入る。そこで議論を主導でき、皆を納得させることができたとき。こうした小さな日々の出来事のなかで、資質に気づくのだ。

学生時代に、ベトナムやカンボジアの安宿で、旅行記を書いていたときを思い出す。異国の空気を吸い、興奮状態のなか、様々な知識が動員され、伝えたいことが的確な文章にすらすらと落とされていく。脳内で無数の情報が高速で勝手につながり、必要な情報が呼び覚まされ、次々とアウトプットされていく。α波が出ているな、と感じる。そういうときに、もしかしたら文章の才能があるのではないか、と思える瞬間がある。

皆さんにとって、脳内でα波が出てシナプス結合が起き、フロー状態になり、またはゾーンに入ったと思えたときは、どのような活動をしていたときなのか。趣味、スポーツ、習い事も含め、思い出してみよう。それが才能を知るきっかけになる。

†「将来能力」に投資する

才能（資質）がおぼろげながらにでもわかったら、そこに集中的に時間を投入して知識と技術を身につけ、強みを作り出していかねばならない。ビジネスパーソンは、強みにな

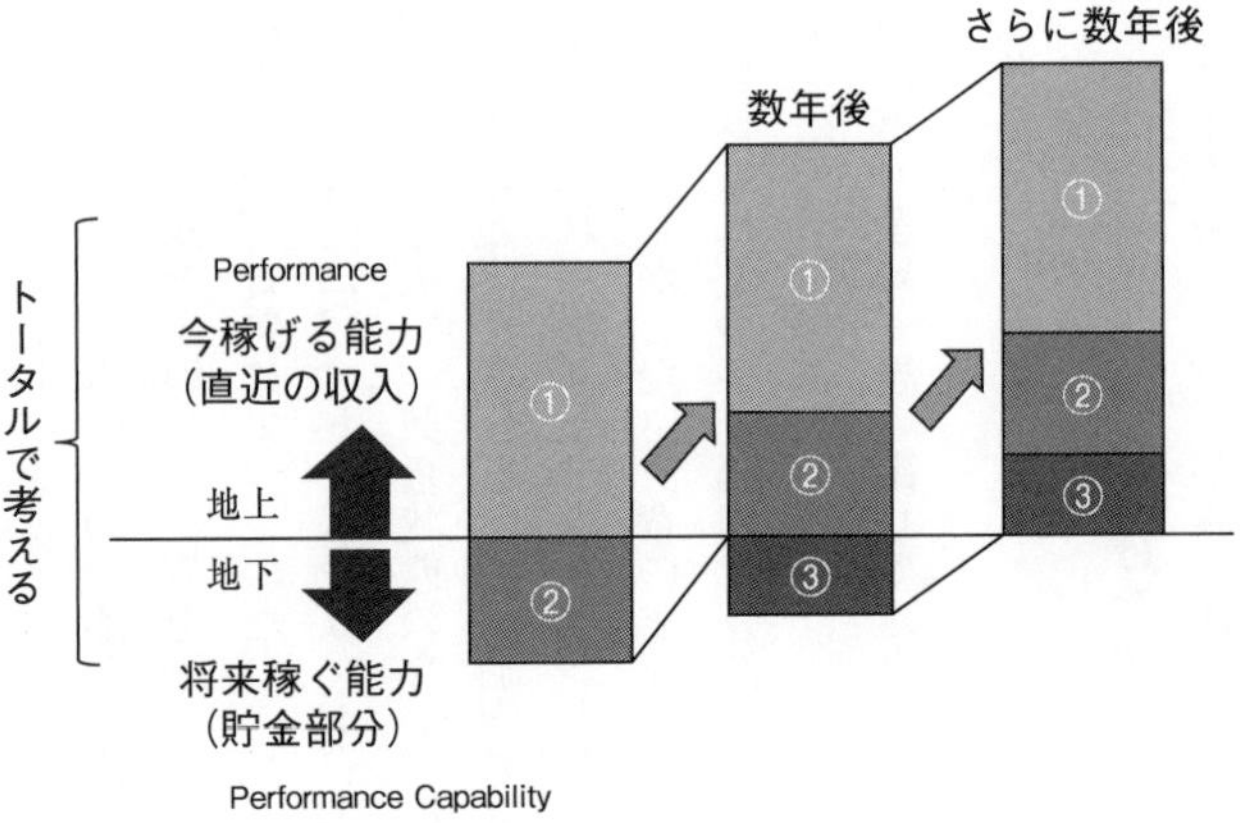

「地下」部分を重視した能力開発イメージ

る能力開発に時間を重点配分しなければならない。

その場合、直近の目に見える収入は重要ではない。むしろ、目には見えない能力が開発される分を、常に年収に上積みしてトータルで考えるべきだ。なぜなら、あとあと、プラスオンで（時には複利で）効いて来るからである。

単純化した図で示す。現在の仕事は、①の収入で、仮に４００万円としよう。②の部分（仮に１００万円とする）が、その仕事を通じてＯＪＴや研修、才能を刺激してくれる人間関係など、プラスして獲得できる見込みがある能力アップ要因分だ。これはもちろん、前述のとおり、自身の才能にひもづいているものでなければならない。強みにつながらない投資は、無駄になる。

②部分は、確実に契約で基本給などが保障される①の部分に比べると、確かに目に見えないし、市場ニーズの変化など不確実要素が強いから、その分、割り引いて考えねばならない。だが、②が近い将来の能力（稼ぐ力）アップにつながり、割引率ゼロとした場合、正当な成果主義の組織であれば、翌年から数年後に（または評価が正当でなければ転職した次の職場で）１００万円の収入に化けるのだから、①と②のバランスは、常に考慮しなければいけない。

前述『７つの習慣』ではこれを、「Ｐ／ＰＣバランス」と呼んでいる。

Ｐ＝performance（目標達成）

ＰＣ＝Performance Capability（目標達成能力）

であり、常にＰＣのほうにも投資する必要性を説いている。まったく同感である。

森の中で木を倒そうと、一所懸命ノコギリをひいているきこりに出会ったとしよう。

「何をしているんですか」とあなたは訊く。

すると、「見れば分かるだろう」と、無愛想な返事が返ってくる。「この木を倒そうとしているんだ」「すごく疲れているようですが……。いつからやってるんですか」あなたは大声で尋ねる。「かれこれもう五時間だ。くたくたさ。大変な作業だよ」「それじゃ、少し休んで、ついでにそのノコギリの刃を研いだらどうですか。そうすれば仕事がもっと早く片づくと思いますけど」とあなたはアドバイスをする。「刃を研いでる暇なんてないさ。切るだけで精いっぱいだ」と強く言い返す。

――『7つの習慣』キングベアー出版

刃を研がなければ（PCに投資しなければ）、目標（木を切り倒すというP）は達成できない。同様に、将来稼ぐ能力に投資しなければ、収入は上がらない。

ケース②で紹介した旅行業のBさんを思い出していただきたい。Bさんは金融に転じた後、さらに2回、移籍している。「5年後に、その5年間をならせば高くなっているか」が基準で、「日興からフィデリティには、下がっても行っていた」と話す。直近は下がっても、そこで身についたキャリアの価値が高ければ、より業界内で通用するようになって数年後には回収できるからだ。

Bさんは「基本給が現在の1・5倍ほどになる」という条件を提示してくるヘッジファンドの誘いには乗らなかった。「単なる給与の先食いで終わるから」（Bさん）。これはつまり、地下の部分（③）が見えず、ヘッジファンド会社の「次」への成長のステップが描けなかった、ということだ。

†地上+地下、全体のバーを伸ばす

20代のうちは、様々な能力を身につけられるチャンスなので、直近の収入は無視するくらいがよい。たとえば国内外に留学するとなれば、①も②もすべていったん地下に潜らせ、地上はゼロになるわけだが、PCが強化され全体のバーの長さが伸びるのだから、問題はない。転職も、この上下のバーの長さ全体を見て決めることだ。

ケース⑨で紹介する製薬のHさんも、同業他社の外資から給料増でのオファーを貰いながらも蹴って、29歳で年収を100万円下げて別業界の商社に転職した。地下の貯金部分を考えた末での決断だった。Hさんはさらに2年間、留学することで地下茎を積極的に伸ばした後、不況下にもかかわらず、地上に一気に引き上げることに成功した。

いったん地下に潜らせた能力を、全て地上に引き上げられないのではないか、というリスクは当然あるが、全体のバーが伸びていればチャンスは増える。使い切れない能力が秘密兵器として眠っていたほうが心の余裕にもなるし、地下に根がはった大木のように安定度も増す。

私は地上部分をゼロにする留学ほどのリスクはとっていないが、若干、戦略的な開発を

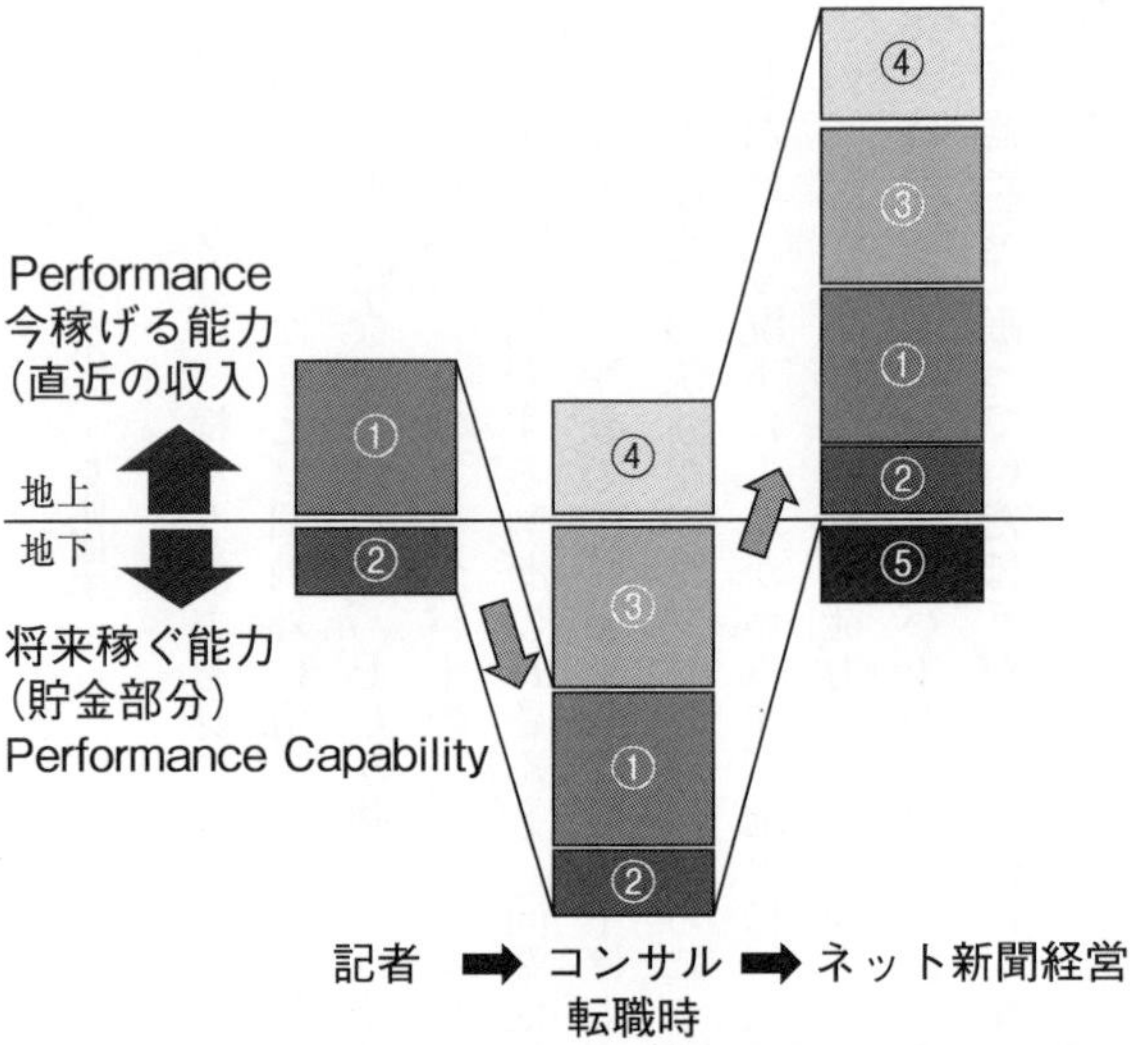

著者のP+PC分析図

行った（上図参照）。まず年収を200万円下げて（①→④）、新聞記者からコンサルに転職。27歳、第二新卒のようなものだった。一回、獲得済みの能力（①+②）を、地下に潜らせた。その目的は、ほとんどポテンシャルに対して支払ってくれる④の収入に加え、③（コンサルとして獲得が期待できる問題解決力、論理的思考力など）を獲得するためだ。③は動機に直結していた。

　実際、研修は極めて充実していたし、OJTによって、見る見るうちに③は身につき2年後には地上に上がった（昇格した）。30代に入ったところで、地下に潜らせていた能力を一気に地上に引き上げ、今の私がある。正直、地上部分が下がるのは気分が悪いし、生え抜きで自分より若い社員と同じ待遇になって損した気分にもなるのだが、「自分には目的がある」と信念を持つことが重要だ。やはり、常に「地上＋地下」「P＋PC」のトータルの大きさこそ、考えるべきなのである。

人材紹介会社の口上に乗せられ、直近の収入に釣られて転職する人も多いが、常に目に見えない貯金部分の能力開発とのセットで考えることが必要不可欠なセオリーであることを強調しておく。

†才能を「どこ」で開発していくか

才能が見えてきた段階で、能力開発を進める際に考えねばならないポイントを、もう一つあげよう。それはどの業界、どの分野で能力を開発するか、である。規制業種での能力開発は、かなり危険度が高い。

日本は戦後の高度成長のなかで、いびつな産業構造が維持されてきた。すなわち、規制や公共事業によって守られた産業と、グローバル競争にさらされた産業が極端に分かれてしまった。後に大臣になる竹中平蔵氏は90年代、前者を「山の国」と呼び、後者を「海の国」と呼んでいた。日本の労働者は、大きく二つの国に分かれて住んでいたのだ。

それが、国際化の流れのなかで、90年代後半から金融と通信の規制緩和が不可欠となり、護送船団が解かれていった。10行以上あった都銀は3行に再編される過程で、高かった給与水準も3割以上はカットされた。通信も、NTTはほぼ強制的なリストラで50代は子会社に転籍、給与3割カットとなり、新卒採用も2001年から3年間、凍結した。2000年代半ば以降は、小泉改革によって公共事業費が大幅にカットされ、談合も減って、ゼネコン業界も競争社会に突入した。

現在、残された異常な規制は、テレビ、新聞、出版など大手マスコミが中心だが、ウェブやケータイ、iPadなど競合メディアの登場によって規制の意味が事実上減りつつあり、リストラ・縮小均衡が今後10年は続く。中小にとってはチャンスも多いが、これまで独占的な地位にいた大企業ほど、未来は真っ暗だ。

結局、規制のなかで甘い汁を吸わされていると個々の社員の能力も磨かれないから、遅かれ早かれ、市場価値に収斂されていく、ということである。現在、もっともギャップが大きいのは、新規参入できないことから利益が膨らみ、市場価値の3倍以上の給与が支払われているテレビ局である（本来なら電波利用料として国に納められるべきカネが社員の懐に消えており、おぞましい）。

大手出版の一角を占める人気企業だった光文社は2010年5月、従業員の6分の1をリストラし、残った社員の年収も一気に半分に減らして、生き残りを図っている。規制業種の典型だったJALは、リストラしても再生できるメドすら立っていない。そうなったときに、市場価値を意識して能力を磨いてこなかった30代以降のビジネスパーソンは、奈落の底に突き落とされて復活できず、職業人生が終わってしまう。

一方、たとえばケース⑤で紹介した教育のDさんは、才能を開発する「場」を常に意識してきた。ベネッセを辞めたのは、今後、編集者として生きていくためにはウェブのほうにスキルの幅を拡げておくことが必要と考えたからだし、サイバーで産業カウンセラーの資格を自費で取ったのも、会社任せでは市場価値は高まらない、と考えてのことだった。ぬるま湯に浸かっていたら、能力は開発できないのだ。

†産業分析でキャリアショックを未然に防げ

つまり、ポスト戦後の経済では、産業そのものの分析と、その変化に応じて能力開発の場を迅速に変えていく対応力が、不可欠になったのである。

私が就活をした90年代半ば、その後大リストラすることになるJALやNTTは人気ランキングの上位だった。最近になって新入社員から給与を3割ほどカットし始めたTBSテレビや日本テレビも、人気企業だった。潰れかけて年収を5割カットした光文社も、人気企業だった。いずれも規制業種で市場価値以上に高い報酬が支払われており、多くの社員が、そのぬるま湯に浸かっていた。

2010年には、朝日新聞社が早期退職優遇制度によるリストラを始めた。今後は、米国で既に起きているように、新聞記者の大量リストラが予想されている。

規制業種でなくとも、技術革新がトリガーになることもある。その場合、高橋俊介氏が「キャリアショック」と呼ぶような、ある日突然、自分の能力（主に技術・知識）の市場価値が暴落する事態は、いつ起きてもおかしくない。IBMは90年代半ばに、日本を含む全世界で4割の社員を削減する大リストラを敢行した。技術革新によって、メインフレーム（汎用大型コンピュータ）の技術者が過剰となり、会社としては、ソフトウェアやサービスビジネスに生き残りをかけるほかなくなったためだ。

IBMは日本法人も例外ではなく、現役社員によれば、当時はまだ財務に余裕があったため、30歳で1000万円の割増し退職金を貰えて、喜んで辞めていった社員も多かった。だが当時辞めなかったメインフレーム時代の中高年社員は、現在に至るまで毎年のリストラ圧力に苦しんでいる。

規制の一種だが、ゼネコン業界も変化した。竹中平蔵氏は90年代に「日本の土木・建設業者は今の半分の数が適正規模だ」と言っており、それらは田中角栄以来の公共事業費拡大で過剰に膨れ上がっただけで、これが是正に向かうのは間違いのないことだった。実際、その10年後には縮小に向かった。

産業分析の結果、「規制に守られ、能力開発が停滞している」「市場価値よりも過大評価されている」「技術革新でスキルが陳腐化する」「産業が丸ごと負け組になる」。そのように感じられたら、社内外に異動して、次の展開を真剣に考えなければならない。会社任せにしていたら、キャリアショックに見舞われた際に、自力で生き抜けなくなってしまう。

たとえば、今から構造不況業種である新聞・テレビ・大手出版に入社せんという若者は、よほどの覚悟が必要だ。会社の中高年社員らにさんざん「仕送り」し続けた挙句、自らの給与は上がらず、スキルの市場価値も供給過多で高まらず、搾取されるだけされて社外に放り出されることが、ほぼ確実だからである。

ケース②旅行のBさんは、JTBの事業が、個人旅行については『旅の窓口』(現楽天トラベル)などネットに侵食されること、団体旅行についても、団塊の世代の退職以降、企業の慰安旅行の需要は減り続けるであろうこと、さらには旅行商品は付加価値をつけづらく差別化が難しいことなどから、3年弱で業界に見切りをつけた。自分なりの産業分析の結果、同じ営業の資質を伸ばすなら、旅行ではなく金融業界だ、と考えた。

ケース⑨で紹介する製薬のHさんも、今は規制に守られている医薬品業界だが、病院の現場では明らかにMR人員の過剰感があり、10年後はMRの数が3分の1になってもおかしくない、と読んで、5年で辞めた。

次に紹介するケース⑥インフラのEさんも、NTTを2年余りで辞め、積極的に自身の能力を開発していった1人だ。コンサルでは挫折も味わい、三洋では所属していた事業部が京セラに買収されカルチャーショックにも見舞われるが、「コミュニケーション力」を伸ばすべく、自身のポジションを積極的に動かしていった。

ケース⑥ インフラのEさん（国立大／理系／男性）
――「このまま会社にいたら力がつかない……」

土木系の建設学科を卒業し、大学院では情報通信を学んだEさん。理系の大学院の就職は指定校の推薦制が基本で、ゼミ内で競合するとジャンケンで決めるのが、この大学の慣習だった。

推薦枠は、ゼネコン、電鉄、電力など。バックパッカー経験から海外で仕事をしたいとの思いがあり、「国際」と「情報通信」の二つの軸からNTTに決めた。NTTはまだ分割前で、国際通話も手掛けていた。関西電力ならジャンケンになるが、NTTはちょうど自分1人で対抗馬がいないのも好都合だ。
「今だったら、商社か、海外の会社を選ぶでしょう」（Eさん）

†NTT（25歳〜）

入社は1999年。エンジニアとしての採用で、ちょうど分割されたばかりのNTTコミュニケーションズに配属。ネットワークを設計し、設備工事をする部署で、NTT社内向けの仕事を多く担当した。社内での調整力や忍耐力は身につくが、「○○さんのことを知ってるからスゴい」というような社内向けのスキルばかりだった。

2年目の後半から「このままではダメになる」と考え始めるようになった。そして新サービスの事業戦略を手掛けるタスクフォースに参加した際、チーム内に、後にソニーに転職することになるやり手の先輩がいたり、野村證券から中途でデキる人が参画してきて、自分も会社を移って仕事をしたい、との思いを強めた。

会社が完全にキャリアパスを組み、先が見えるのが嫌だった。NT

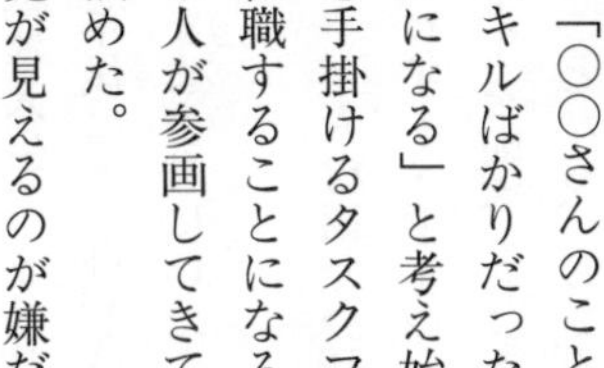

[NTT 離職時] 国際的なインフラを手掛けたいとの動機は強まったが、仕事の中心は社内向け。年功序列の官僚組織では能力アップが見込めないことがわかり、転職を決意。

T労組の研修に行けば、**「NTT社員の標準人生」**なるものが提示される。「5年後には結婚してNTT労組がこうサポート、10年後には子供がいるからNTT労組がこうサポート、みたいなことを教えられた。このまま会社にいたら、力がつかない、と思った」(Eさん)

官僚的な組織に嫌気が差していたところ、人材紹介会社経由で話が来たコンサルティング会社に、未来を感じた。なかでもデロイト・トーマツ・コンサルティング(現アビームコンサルティング)が、たまたまNTTを顧客としており、iモードのグローバル展開のコンサルティングに関わっていたことから、Eさんの海外志向にマッチ。

留学経験はないが海外志向は強かったため、TOEICだけは「ヒアリングマラソン」などを地道に続けており、800点はあった。社内公募でNTTロンドンに応募したが通らず、完全に転職を決意。NTTは2年4カ月の在籍だった。

†コンサル(27歳〜)

デロイトでは、主にBPR(業務プロセス改革)のプロジェクトに入った。

ここで、自分の能力について考えさせられることになる。「アタマのいい人が多い」と思った。年下に指導されても、太刀打ちできない。プロジェクト内で議論しても、付加価値のある発言ができない。ミーティングで白板を前に議論して、それをプリントアウトした紙を改めて見ると、自分の発言内容は書かれていなかった。「これでは自分の存在価値がないじゃないか、と」（Eさん）

必然的に突きつけられる会社からの評価、そして同期や仲間と話すなかでわかってくる資質の違い。「コンサルとしてやっていくのはしんどい」と結論付け、入ったときの職位のまま、辞めた。「コンサルへの転職はブームに乗せられたところもあった。求められる能力が自分のものとは違うことがはっきりしたのは大きかった」（Eさん）

コンサルとして他者の手伝いをするより、自分でやりたい、との思いが強まり、事業会社への転職活動を開始。Eさんは「おばあちゃん子」だったが、その祖母が病気になり、地元・大阪に帰れれば、と思っていたタイミングで、たまたま三洋電機が、次世代経営職育成プラン「ADVANCE 21」をスタート。これに乗ることにした。コンサルは2年弱の在籍だった。

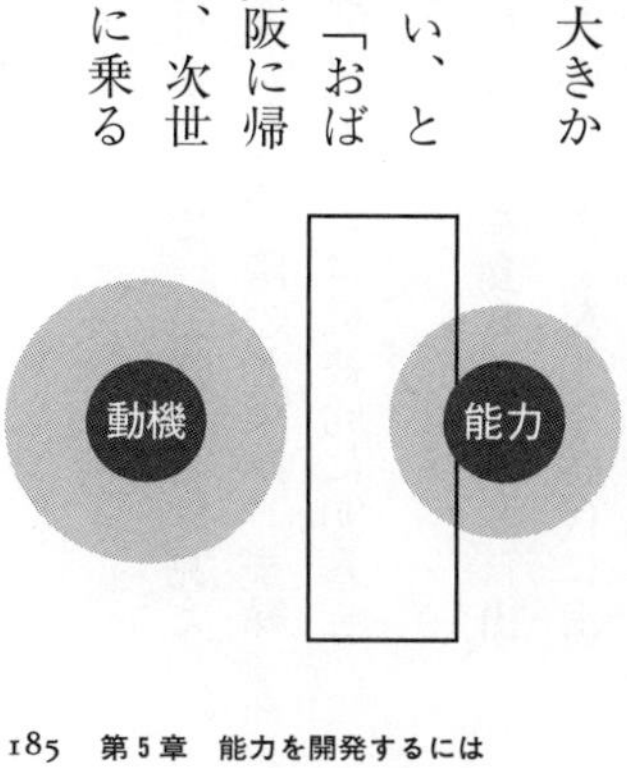

［コンサル離職時］外部から手伝うのではなく、自分で手掛けたい、との動機が顕在化。能力的には、コンサルに必要とされる能力は、自分の資質の延長線上にはないことがわかった。

†三洋電機（30歳〜）

あおぞら銀行、コカ・コーラなど、事業会社ばかりを受けるなかで、三洋はよく見えた。「古いメーカーが先進的な幹部候補育成を始めるということで、隣の芝生が、ま緑に見えた」（Eさん）。この制度で10人目として入社。このプログラムは最終的に90人を採用した。

プログラムの存在自体が社内に秘密だったこともあり、肩透かしを食らったが、自由度は高かった。配属はテレコム事業部で、携帯電話の商品企画だった。NTT時代に海外商品を扱っていた経歴や英語ができることから、三洋のPHS基地局を海外に売り込む営業も担当。

さらに、米国のベンチャー企業と一緒に事業を立ち上げるため米国に半年滞在するなど、当初より目指していた海外でのインフラ事業に関わることができた。「結果的に、三洋には感謝している」とEさんが言うように、目指していた分野でキャリアを積むことができた。

ところが、三洋全体の業績悪化にともない、元キャスターの野中ともよ氏がCEOに就任するなど、社内は大混乱。テレコム事業部が丸ごと京セラに売却されることになってしまった。今度は、合併にともなう京セラと三洋の事業統合（海外の同じ顧客に対する2社のオペレーションを統合するなど）を担当することになった。

仕事はやりがいがあったが、社風がガラリと変わった。稲盛教とも呼ばれる宗教がかった管理主義で、**「京セラフィロソフィー」**の研修が繰り返される。急に息苦しくなった。「三洋は個性を認める感があり、テレコム事業部は短期で成長したから、特にそれが顕著だった。一方、京セラは個性を認めない文化で、宗教的な行事が多かった」（Eさん）

ともに事業を立ち上げた米国ベンチャー企業の社長がMBAを持っていたことから、体系的なマネジメント知識や人的ネットワークの重要性を認識したEさんは、三洋時代から、シカゴ大学のExecutive MBAプログラムに通っていた。これはマネジメント経験のある社会人を対象とした、働きながら学べる21カ月間のコースだ。毎月、1週間だけシンガポールに滞在して学ぶ。何しろ幹部候補制度で入社したのだから、三洋もダメだ

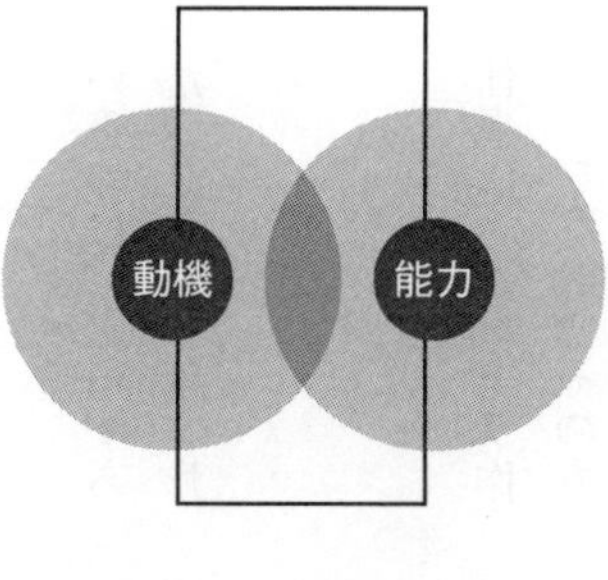

[三洋時] 三洋では海外でインフラを手掛けるという動機に合致し、海外で仕事をするなかで能力も開発された。不足感のあったマネジメント知識を MBA の通い留学で補充。ただ、京セラに買収され、院通いが不可能となり離職。

とは言えなかった。

ところが京セラは、理解を示さなかった。既に10カ月も通っているのに、上司から「あきらめろ」と言われてしまう。これが京セラの退職理由となった。2009年3月で退職した。

†MBA取得、コンビニというインフラへ（36歳〜）

京セラを辞めて1年、MBAの課程を終え、学位を取得。次の仕事は「インフラ作り＋クロスボーダー（国際）」を軸に定めた。インフラ作りとは、インフラ設備そのものを作ること。三洋での仕事を通して、サービスの提供（ケータイの商品企画や販売のオペレーションなど）よりも、基地局の設置などインフラを敷くほうが希少性が高く、やりがいを感じられたからだ。これは、社会人を10年やって明確化した動機だった。

新事業開発、海外、インフラ、で絞ると、数社が残った。楽天は海外展開を強化しているが、バーチャルの世界だ。リアルの世界のほうが自分の志向にあっている。インテルも、バーチャルな通信の世界だった。地下鉄でケータイをいじっている人たちを見ると、逆にヒューマンなコミュニケーション機会を奪っているのでは、とさみしく思うことがあった。Eさんには、アナログなところがある。

そこで、リアルの世界で海外展開を進める**コンビニ運営会社**に決めた。楽天は京セラに似てカリスマリーダーによる宗教がかったカルチャーと聞いていたので、自由度が高そうなカルチャーを持つ会社がよかった。コンビニは、立派なインフラだ。電力や通信ばかりがインフラではない。

　報酬面では、年収７００万弱だった三洋・京セラ時代に比べ、海外駐在すれば１０００万円を超えるので悪くない。楽天はＭＢＡ採用コースで１２００万円と聞いたが、カネは最重要ではなかった。

　Ｅさんは自分の資質（コア能力）を、「コミュニケーション力、意志を伝える力」と分析。コア動機はグローバル規模での新サービス提供に対する好奇心だという。それが東南アジアでコンビニというインフラ構築を進める仕事内容につながっている。「社会人10年で、明確に見えた。今思えば、大学3年のときの阪神大震災で電話という重要な社会インフラが通じなくなったときの思いとつながってい

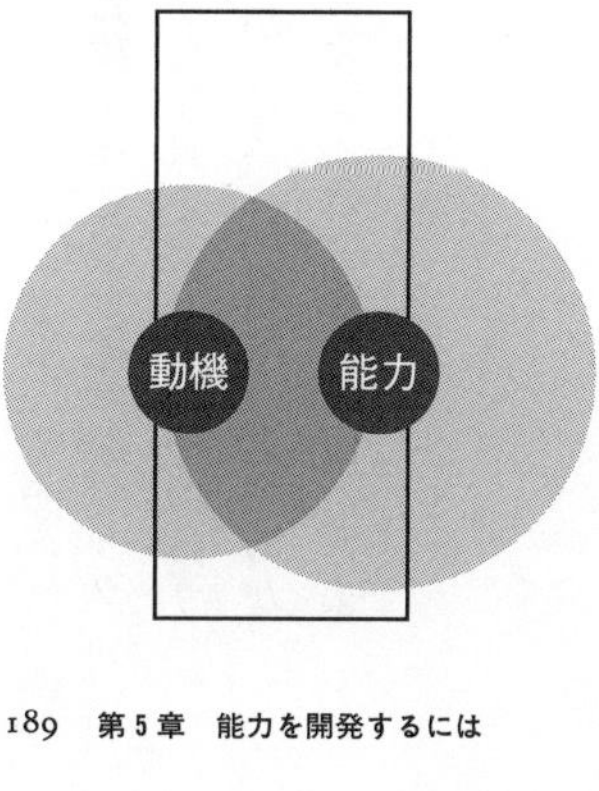

[コンビニ会社就職時] 海外でインフラを手掛けたいという動機から、コンビニ会社へ。MBA を取得し、国際的なコミュニケーション力に磨きをかけ、能力は拡大。両者の交差地点で仕事を得た。未知の業界で、能力アップの機会も多い環境。

る」（Eさん）

コンサルで挫折を経験したが、海外での仕事やMBAの課程を通して、様々なバックグラウンドの人たちと一緒にコミュニケーションをとりながら仕事を進める才能のほうは、ありそうだ。いつも近くにいた祖母を含め、周りの人からは、「場に溶け込むのが早い」「営業マン向けだ」と言われてきた。しゃべってモノを伝える才能は、他の人よりも優れていると思えるようになった。

第６章

望む仕事内容に就くには

仕事をしていくなかで、自身の「動機」と「能力」はわかってきた。そこで問題となるのが、その交差するエリアで、どうやって仕事を得ていくか、である。本章では、具体的に、いつ、何を考え、社内外でどう動いていくべきかについて述べる。

†くじの当り外れは自分にしかわからない

最初の仕事はくじ引きである。最初から自らに適した仕事につく確率は高くない。得るべきところを知り、向いた仕事に移れるようになるには数年が必要である。われわれは気質や個性を軽んじがちである。だが気質や個性は、訓練によって容易に変えられるものではないだけに、重視し、明確に理解することが必要である。

——『プロフェッショナルの条件』ダイヤモンド社

ドラッカーのいう「気質や個性」とは、本書で使っている言葉でいえば「動機」と「才能」である。いずれもその人独自のアイデンティティーを形成するもので、基本的に変化しない。だから、くじ引きで「当り」を引けなければ、つまり、動機とも異なり、才能も伸ばせないと思ったならば、自分から積極的に職場を移って、仕事内容を調整していくしかない。

その判断基準は、世間の評判や給料の高さといった「外発的な動機」を満たすものであってはならない（第4章参照）。世の中には、自分自身ではない何かに振り回されて、キャリアを棒に振っている人が多い。**人気企業の社員ほど、そして給料が高い企業の社員ほど、外発的動機が満たされることを理由に辞められないまま、気がついたら偽りの人生を送っている**、というケースが多く見られる。

「コア動機（＝内発的動機）」と「コア能力（＝才能）」以外を判断基準にすべきではないし、それを判定できるのは、自分だけだ。実際、ケース②のBさんは世間的には人気企業の旅行会社を3年目に辞めたし、ケース④のCさんも給料の高い外資証券を1年で辞めているが、2人にとっては正しい選択であり、両者とも何らの後悔もしていない。

†40代でも採用される人とは

望む仕事内容が現在からかけ離れている場合には、大胆なキャリアチェンジ（職種も業種も変える）が必要となる。これは第2章で述べたとおり、日本ではポテンシャルが過大評価される20代の間でなければ難しい。したがって、安穏とはしていられない。改めて次頁の図で説明すると、以下のようになる。

逆にいえば、「稼げる力」を継続的に増強し続けられる人は、何歳になっても雇用不安

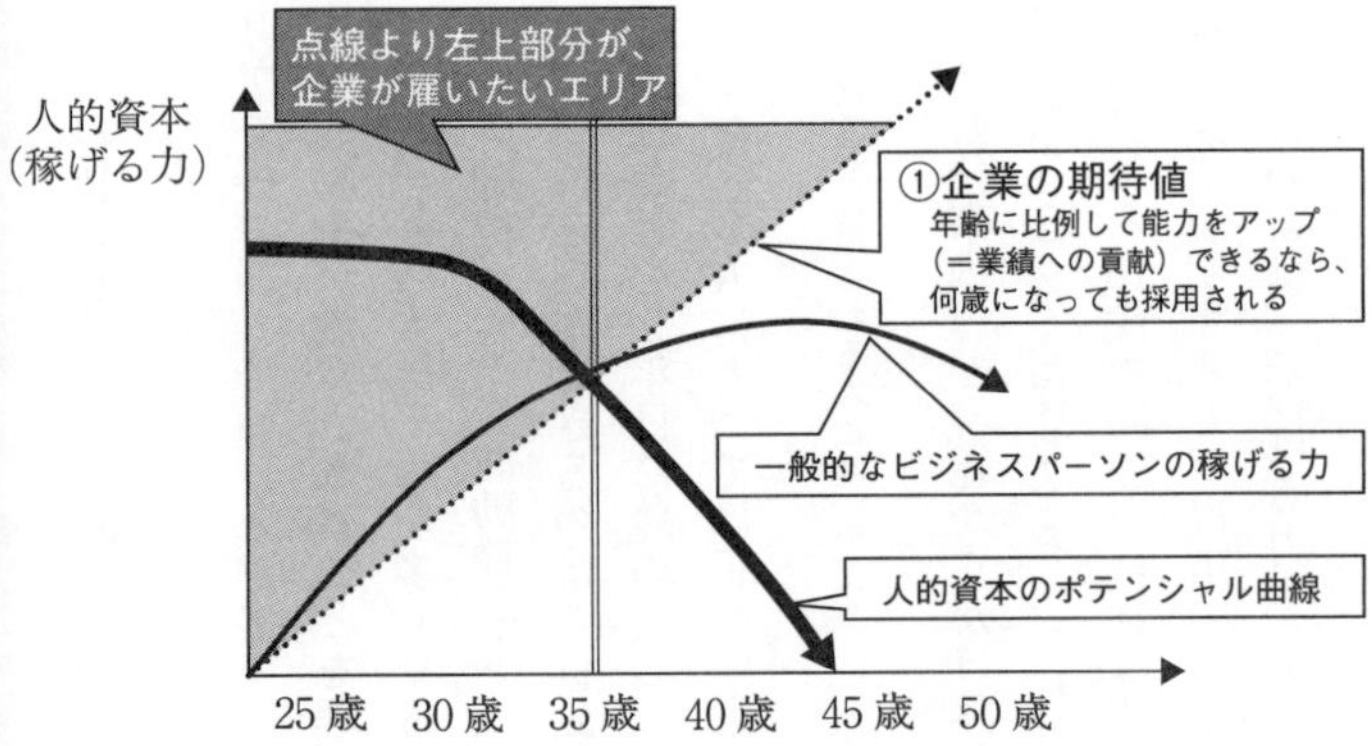

企業の期待値エリアと転職限界年齢図

はない。たとえば40歳にもなれば、少なくとも業界内では名前が知られているくらいの存在になっていなければいけない。コンサル業界では、シニアマネージャークラスになるには、その分野の専門家として本を出したり雑誌に寄稿するなどの定量的な実績が求められる。

そうやって、歳とともに、右肩上がりで継続的にキャリアを積めるならば、『会社は2年で辞めていい』(幻冬舎新書)の著者山崎元氏のように、40代後半になっても11回目の転職ができる。

だが、それは多くの人にとっては現実的ではない。人間の能力は若いときは誰でも伸ばせるが、図の「人的資本のポテンシャル曲線」で示しているとおり、30代以降に急激に衰えていく。ポテンシャルが下がるなかで、稼げる力を増していける人というのは、稀に出現する一部の超優秀で勤勉な人だけだ。私が属するジャーナリスト業界でいえば、40代以降も稼げる力が向上し続けている毎日新聞出身の佐々木俊尚氏などがそうだが（むしろ図でいえば右上に向かって反り上がる感じ）、並外れた自己統制力で、ちょっとマネできそうにない。

したがって、ほとんどのビジネスパーソンにとっては、**「稼げる力」が、企業が採用したいと思うエリアにまだ収まっている30代半ばくらいが、転職のリミットということになる。**ここをすぎると、ポテンシャルもなくなる、歳相応の稼ぐ力もなくなる、という二重苦で、おまけに厳しい日本の解雇規制によって労働市場がロックインされて人材が固定化されるという政策面からの三重苦まであるから、動けなくなる。

30代後半に転職したケース⑥インフラのEさんのように、留学などで自分への投資を怠らなければ40歳でも転職は可能だが、外部の人に対して、歳相応の能力を証明するのは難しい。何しろ、30歳の競合する人材よりも10年分、能力が高くなければならないのだ。

†30代半ばがリミットな訳

同じ能力、同じ給料ならば、30歳でも40歳でもよいではないか、年齢差別はよろしくない、という議論もあるが、それは採用する企業の立場から考えると、まったく合理的ではない。

第一に、図でわかるとおり、30歳のほうがポテンシャルが高く、まだ伸びる余地があるし、「長幼の序」が根付く日本では年下のほうが上司から見て使いやすい。ポテンシャルがあるということは、知識や技術にとどまらず、前の企業でのカルチャーをアンインストールしてもまだ自社に馴染める、という**「企業カルチャー対応力のポテンシャル」**という意味合いも大きい。

第二に、日本では米国と異なり、いったん雇った正社員は会社が潰れる寸前になるまで整理解雇できない。そもそも日本企業に多いピラミッド型組織においては、40代以上の社員は常に過剰となる運命なのに、雇用は法律で守られるから、40代を新規に雇うとなったら、よほどの貢献が期待できなければならない。

第三に、40歳といえば通常は組織のなかでは管理職クラスで責任が重く、部下に対する影響力も大きい。だから人事部としては、社内でキャリアを積んで社内のこと（歴史的経緯や部署間のパワーバランス、意思決定カルチャー等）をよく知っている人を管理職に就けたい。となると、できれば30代半ばまでの組合員として、管理職クラス一歩手前までのポジション（チームリーダークラス）で採用したい。

したがって、ほとんどの人にとっては、勝負は30代半ばまでに決してしまうのである。

となると、スタートダッシュが極めて重要となることは論を待たない。ところが、世は慢性的な就職氷河期で、そこそこの希望する企業に入ることさえ、厳しい時代である。氷河期が続きそうなとき、内定が取れない場合には、どうすればよいのか。

まず、就職留年は、ほとんどの場合、翌年になっても、余計に不利になるだけだからやめたほうがよい。卒業が難しい米国の大学とは異なり、日本の大学がいつでも誰でも卒業できる「レジャーランド」であることは、その卒業生たる人事部の人たちがよく知っている。

†氷河期世代は爪を研げ

氷河期には氷河期なりのとるべき道がある。次に紹介するFさんも、氷河期にぶち当たった1人である。私がサラリーマン時代に一緒に仕事をしていた1人だ。

ケース⑦　コンサルのFさん（私大／理系／男性）

――「氷河期、学部卒27歳でも、やり方次第では……」

Fさんの就活は、1998年。就職氷河期まっただ中に突入していた。東京理科大の経営工学部は、国立大や早慶と比べ有利とはいえず、Fさんは、とりあえずモラトリアムで海外に渡ることにした。

ビジネス、英語、ITの勉強を深めれば、企業に採用されやすいだろう――。米国オハイオ州立大ビジネス学部に進んだ。大学院でないのは、ビジネス学部ということで、社会人経験がないと院には入れないためだった。

したがってMBA的な内容ではなく、日本の経営学部の授業を英語でやり直す感覚だった。数学理論を用いた高度な分析モデル研究などを主に専攻し、特に「エクセル」は高度に使いこなせるようになった。

オハ大卒業前にFさんが就職を決めたのは、毎年1回、秋に開かれる「ボストンキャリアフォーラム」でのことだった。これは米国の大学を卒業した日英バイリンガル学生を採用したい企業側が、日本からわざわざ東海岸のボストンまでやってきてブースを出し、採用活動をしてくれる集団就職説明会だ。インタビュールームも設けられ、面接も実施。通常の春採用に対して「秋採用」などと称し、一定数を採用する企業が多い。

†コンサル会社（27歳〜）

Fさんは入社時27歳になるが、外資はあまり年齢を気にしない。日産自動車や日本オラクルの内定をもらったが、コンサル会社「IBMビジネスコンサルティングサービス」（現在は日本IBMに統合）に決めた。年俸条件は23歳の新卒と同じ420万円である。このフォーラムの枠で入った同期入社組は50人もいた。

さすがに職歴なしの27歳新卒、しかも学部卒はFさんだけで、最年長だった。Fさんは年齢的な焦りから、他の新卒とは違う扱いを主張。「座学のIT研修は受けない」「戦略系プロジェクト以外はやらない」とわがままを言って、「戦略コンサルティングサービス」というサービスラインの部署に配属となる。

そして半年後に私が手掛けていたプロジェクトに配属となり、1年ほど同じチームで仕事をした。私がコンサルにいた最後の1年だ。部署の名前は戦略でも、業務プロセス改革がメインのプロジェクトであった。Fさんは数字に強く、エクセルの使いこなしは特に秀でており、同期のなかでも最速で昇進した。

その後、入社3年目から、Fさんは、より市場価値の高いスキルが身につく、マーケティングや事業戦略系のプロジェクトへの配属を強く希望し、メキメキとキャリアを積む。２００５年から２００６年は景気もよく、仕事も多かった。振られる仕事は無理にでも受け入れ、稼働率70%でＯＫとされるところを、１５０%チャージという時期もあった。コンサルは、稼働時間単位で顧客にフィーを請求するため、普通の人の１・５倍働き、会社に利益をもたらしたことになる。ボーナスが加算され、一時的に年収も１０００万円を超えた。

　コンサルのなかでも、専門分野によってまったくやっている人は異なり、オールマイティーな人はいない。ＩＴ系の人、財務系の人、マーケティング系の人、業務プロセス系の人……。たとえば私は、専門外のＩＴのプロジェクトは仕切れない。「１人１時間いくら」で顧客からフィーを貰う以上、リーダークラスになってしまうと高いので、専門分野から離れたプロジェクトに参加するのは難しい。だが、チャージレートがまだ低いメンバークラスなら横への異動がしやすく、Ｆさんはマーケティングや新事業戦略へと軸足を移していった。

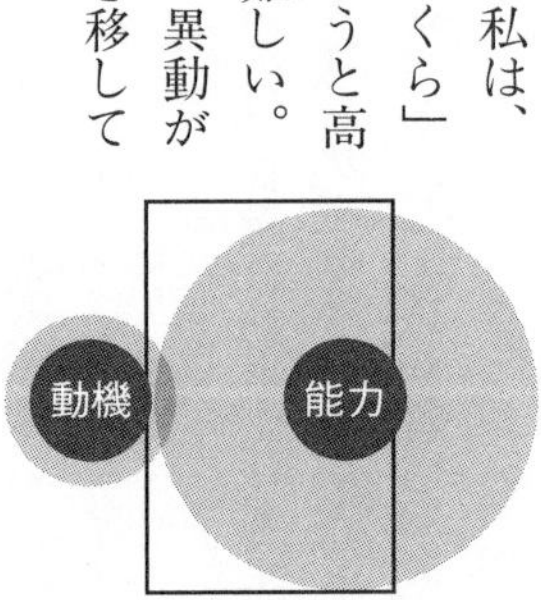

［航空会社に転職時］出遅れた意識があり、健康を犠牲にしたキャリアアップを敢行。数字に強い資質に磨きをかけ、金融・戦略系のコンサルとして能力を開発、金融会社を挟んで安定企業のポジションに。ただ激務に倒れたのは金融が動機に合致していないことの表れ。

†金融業界へ（31歳〜）

入社5年目の2006年から2007年、世は小泉政権下で景気回復し、失業率も低下、人材市場は売り手市場だった。Fさんはマーケや戦略系のプロジェクト経験を武器に、KPMG—FAS（ファイナンシャルアドバイザリーサービス）という、投資銀行的な業務を行う会社に転職する。「彼らに足りない、戦略やマーケティングのスキルを売り込んだ」（Fさん）

だが、給料は上がったものの、激務で腕に湿疹ができるなど体調を壊し、わずか10カ月で転職を余儀なくされてしまった。

リーマンショック前で、中途採用市場はまだ活発だったことが幸いした。全日本空輸（ANA）が定期的に実施していた中途採用枠で、金融経験者として入社することに。32歳だった。

Fさんは同年代に比べ出遅れたこともあって5年間、突っ走ってきた。前の会社に比べワークライフバランスが良好なのはよいが、業界全体が沈没ぎみで、けっして安泰ではない。とりあえず、新卒では入れそうもない有名企業で正社員として働けていることには満足しており、一服中だ。

†2007年が最後の売り手市場だった

　Fさんの例が示しているのは、氷河期世代の必勝パターンだ。新卒時点では企業が軒並み採用数を絞り込むが、景気が回復し始めると、中途採用によって、欠けている世代を穴埋めしようとする。Fさんによれば、中途採用された社員の年代は、氷河期世代（1995年卒からの10年間）に集中しているという。

日産自動車は、この氷河期の中途採用が特に顕著だった。ゴーン改革でいったん中高年をリストラして組織を絞りあげ、業績をV字回復させたあとで、「MCS（ミッドキャリアスタッフ）採用」と称して、2003年から2004年の2年間で約1200人も採った。採用のターゲットとなったのは、**当時、業績悪化で新卒採用を控えていた30代前半から中盤の氷河期世代だった。**

　ただ、景気が回復しても、その時点で能力が磨けていない人材が採用されることはない。単にフリーターをやっていて27歳になりました、という人は採用されない。Fさんのように、働いていなくとも、海外でさらにビジネス知識やIT、英語力を増強するなど、付加価値がなければ23歳には勝てない。

　さらにいえば、今後、国内の人口が減り続け市場が縮小していくことはわかっており、グローバル化の流れのなかで、国内採用枠は小さくなっていく。一方で大卒者数は高止まりのままだ。したがって、上昇志向の強い韓国や中国の学生との競争が避けられなくなる。国内エレクトロニクスのトップ企業、**パナソニックの大坪文雄社長**による人材採用グローバル化宣言は、その象徴だ。

> 徹底したグローバル化は人材採用でも進めます。来年度は千三百九十人を採用する計画ですが、このうち「グローバル採用」枠を千百人としました。日本国内の新卒採用は二百九十人に厳選し、なおかつ国籍を問わず海外から留学している人たちを積極的に採用します。今年度は千二百五十人採用しましたが、内訳はグローバル採用が七百五十人、国内新卒は五百人。人材採用の面でも、来年度からグローバル化への対応をドラスティックに進めることになります。
>
> ——「わが『打倒サムスン』の秘策」『文藝春秋』２０１０年７月号

パナソニックの規模で、国内採用をわずか２９０人しか行わず、それさえも「海外から留学している人たち」を含めた人数。「ユニクロ」を展開する**ファーストリテイリング**も、２０１０年の国内新卒採用者約２０００人のうち、**外国人が半数を占めた**。２０１１年も国内新卒採用予定600人の半数を外国人にすると公表している。

つまり、中国にGDPで追い抜かれた日本にとって、もはや有望な市場は国内にはないから、日本市場向けの日本人社員は既に在籍中の中高年がやればよいのであって、必要なのは、新たに攻めねばならない新興国向けの要員なのだ。そしてそれは国内より現地で採用したほうが低コストで優秀だから、国内で日本人を採用する理由がない。国内の大学を卒業する日本人学生にとっては、「リーマンショック前で小泉政権下の2007年が最後の売り手市場だった」と歴史に刻まれる可能性が高いのである。

したがって、より厳しい環境に身を置き、能力をストレッチしておかねばならない。次の不動産のGさんも、自ら、戦略的に厳しい環境に身を置いた一人であり、Fさんと同様、後に超大手企業への「リベンジ転職」に成功している。就活時に、企業規模やブランドにとらわれることなく、能力アップを最重視して会社選びをしているところがポイントである。

ケース⑧　不動産のGさん（私大／文系／男性）
――「3年以内の異動が条件でした」

Gさんが社会人になったのは、すっかり氷河期と言われるようになった90年代の終わり。リストラという言葉も耳にし始めた時期だ。地方の私大で遊んでばかりいたため、何をやりたいというよりも「就職できるのか」が不安だった。

Gさんは、武器となる自分の「強み」を持つことを最優先に考え、「今後伸びると思われる業界」で、かつ「若いうちから活躍できる会社」という視点で選ぶことにした。

当時は、長引く不況と不良債権の処理で「不動産証券化」がキーワードとして報道され始めており、また、ソフトバンクなどIT系も伸びてきていた。近い将来、産業として育ちそうなのは、不動産かITかのどちらかだと考え、ITは理系のイメージが強かったため、文系のGさんは不動産に絞ることにした。

就活では、証券・金融系からの不動産業へのアプローチとして、メガバンクもまわったが、先輩の話を聞くと若い頃にスキルが身につく感じはなく、仕事もつまらなそうだった。不動産をやるなら、やはり都心でデカいのを手がけたい。だが財閥系大手の三井不動産や三菱地所は、選考であえなく落ちた。そこで、まずは大手にこだわらず、能力アップの視点から選ぶことにした。

†新卒で独立系を選ぶ（23歳〜）

探していくと、当時は斬新だった、事業用不動産のリサーチ・コンサル部門を持つ**独立系の不動産仲介会社**が見つかった。社員500人強、年商100億円弱の中堅企業だ。専門スキルを身につけるのが目的なので、内定時に「3年以内にコンサル部署に異動」という条件をつけてもらい、就職することにした。

新人は、まず不動産の仲介に配属される。コンサル部門への異動は口約束にすぎないため、成果をあげる必要があった。Gさんは、景気のよかった消費者金融などにターゲットを絞り、駅前の一等地を中心に攻めた結果、数十人いた同期のなかでトップの成績を収めることができた。「成果を出した瞬間から、居心地がすごくよくなった」（Gさん）。成果主義の報酬体系のため、年収も2年目で700万円ほどになった。

トップセールスは強い。上司と社長に直談判し、2年目の後半には希望どおりリサーチ・コンサル部門に異動できた。外資企業に対して、日本進出のためのコンサルティングをしたり、デベロッパーに不動産の積極活用を提案。スキルは着実に身についていった。

†財閥系デベロッパーへ（26歳〜）

希望部署で1年ほど働くと、クライアントだった**大手財閥系デベロッパー**から「うちへ来ないか」と声がかかった。新卒時に一度は入社しようと考えた財閥系だけに、断る理由はなかった。履歴書的にもいいし、不動産業界は、やはり一等地に代々の土地を持つ財閥系を中心に回っている。

一社目の会社はコンサルだけで、提案して終わり。物足りなさがあった。今度は、リスクをとって会社の自己資金により実行する側に回れるのだから、やりがいもある。グループリーダー的な役割を任されることで、スキルアップも見込めた。

大手百貨店の買収を、証券化の手法で資金調達して手掛けるなど、大規模案件も担当。自分でディールをまとめるため、コントロール感がある。ただ、カルチャーがサークル的で、まったりした体質に飽き足らなくなり、3年ほどで転職することにした。

金融系のヘッドハンティング会社経由で、またもや、取引先だった会社へ。**保険会社が出資するファンドの投資セクション**だった。

†不動産ファンドへ（29歳〜）

ファンドは財閥系とは異なり、出資者に対するリターンを厳密に問われる。仲介会社、ブローカーを使って物件を買い、それをどう運用するのか、収益モデルを作る。その土地を再開発して貸し出せば賃料収入がこれだけ入り、投資額に対して年利何パーセントで回せて、売却に対する考え方はこうで……という見通しを作成するのだ。

不動産取得のための営業では、飛び込みもやる。謄本をあげ、分枝している土地をまとめる提案もする。不動産を持っている企業の社長あてに筆ペンで手紙を書いたり、大学のOB名簿を見て連絡することもある。地道で泥臭い仕事だ。

不動産の権利関係は複雑なことが多いため、その目利きができるような、不動産寄りのキャリアを持つ人は有利だ。Gさんは不動産仲介をやっていたため、その経験が活きた。たとえば銀座の物件で「稲川会」が絡んでいると、本社に街宣車が来たりする。こういう

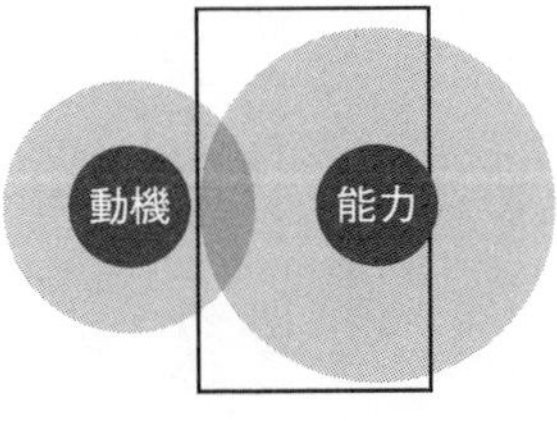

［ファンド在籍時］約3年ずつの一貫性あるキャリアで財閥系にもブティック系にも在籍しつつ、能力面では確固とした自信が身についたが、動機としては、ワークライフバランスが満たされず考え中。

物件がらみの情報は事前に情報収集して知っておく必要があった。

　生活面ではハードな仕事で犠牲を強いられ、これで良いのか、という悩みはあるものの、基本年俸は約1100万円と待遇には満足。不動産は仕事の成果が目に見えやすく、仕事のやりがいも感じている。

　そもそもは、最初の就活時、これから伸びそうな不動産業界にピンときて、「これは早いもの勝ちだ」と、希望する経験を積める会社に狙いを定めて入社したところから、キャリアが始まった。「有望な業界にターゲットを定め、自分なりのキャリア計画を持っていたのが成功のポイントでしょう」（Gさん）

　コンサルのFさんにせよ、不動産のGさんにせよ、就職氷河期にぶつかった上に、学歴面でそれを補うものもなかった。だが、20代で積極的に厳しい環境に身を置いて能力をストレッチさせていくことで、目に見える実績をあげ、道を切り開いている。

　むやみに大手から順番にエントリーシートを50枚書くよりも、じっくり中長期的なキャリア戦略のもとで中小企業を選んだり、留学で人材価値を高めるなど、とり得る道はある、ということだ。

　ここからは、氷河期を何とか乗り越え、どこかの会社に入社した後の話をしよう。

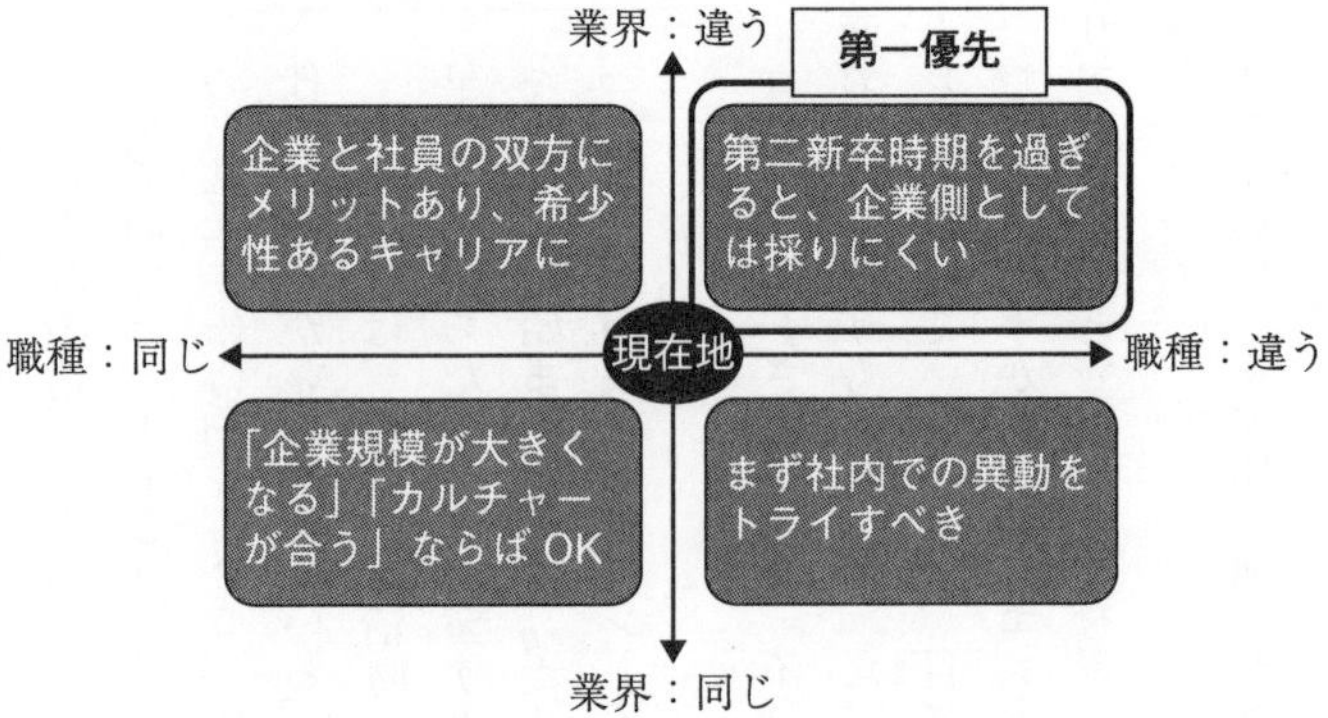

†「職種も違う、業界も違う」場合

入社後に、まず考えねばならないのは、職業の文字通り、職と業、つまり「職種」と「業界」である(図参照)。職種も業界も、ともに異なるところに自分のコア動機とコア能力がありそうだ、と思ったら、20代のうちに動かないと手遅れになる。この**「職種も業界も変える=完全なキャリアチェンジ」**は、第一優先で対処しなければならない。

20代でまだポテンシャルがあるといっても、この二つともを一気に変えるとなると、他の候補者との比較において明らかに採用において不利だから、できれば第二新卒時期（27歳くらい）までに動くのが望ましい。

私自身、27歳で、業界も職種も変えた。新聞社の記者業から、まったく縁もゆかりもないコンサル会社へと転職しているが、コンサル業界の景気がよかったことなど、運もよかった（運は重要だ）。30歳まで待っていたら無理だったはずだ。

次のケース⑨で紹介する製薬のHさんも、20代で悩んで大組織から出る決断をした事例である。

ケース⑨　製薬のHさん（私大／理系／男）——「残るリスクがあるんです」

1999年に東京理科大学の工業化学科を卒業したHさんは、学部時代に学んだ化学繊維に親しみがあり、就活では「素材の営業をやりたい」という漠然とした志望理由から、**大手繊維メーカーの帝人**に内定した。

「私の出身である東京理科大卒業生のメジャーなキャリアルートは、教授推薦で大手電機メーカーや電力などに入って、国立大卒の人にアゴで使われながら、中堅研究員として勤め上げる、というもの。それは嫌だったので、文系就職すると決めて、院に行くつもりもなかった」（Hさん）

歴史ある一部上場の大企業ということで、当初は定年まで辞めないつもりで入社したという。

†大手繊維メーカー時代（23歳〜）

ところが、配属されたのは、想定外の医療部門。会社は、低成長の繊維部門ではなく成長が望める医療部門を強化していた。

MR（Medical Representative）職として、血液製剤や呼吸器関係の薬を採用してもらうため、ドクターに説明して回る営業職である。医者とのリレーション構築が目的だが、医者は基本的にエラい人たちなので「上から目線」。コメツキバッタみたいにお辞儀をするのも重要な仕事だった。

やりがいを感じることができず苦しんだが、そんな中でも、自分なりに改善は試みた。新薬を上市する際に、自分の担当エリアで競合分析を行って効率的な営業を行い、7対3の比率で競合に勝てたこともあった。または、新薬の利用を進めるため外科・内科双方から複合的に研究会を立ち上げ、ドクターに論文を書いてもらい、マーケットを作る工夫をした。

だが、やはり医者相手の営業は自分には合わず、鬱になりかけた。「スキルとしては、

3年目で頂点になって、あとは伸びない仕事。このままコメツキバッタをしていてはビジネスパーソンとしての市場価値が無くなる、と感じた」(Hさん)

業界の見通しも明るいとは思えなかった。高齢化で医療費は伸びるが、国の財源は逼迫しており、薬価切り下げで製薬メーカーは販管費の圧縮を迫られ、将来的には人件費も圧縮に向かうだろう。今は政治力で何とか持っているが、10年後はMRの数が3分の1に削減されてもおかしくない。そのとき自分はビジネスパーソンとして勝ち残れるだろうか。自分のキャリアについて日々考え、不安を募らせる毎日だった。

社内での異動は難しく、転職活動を始めた。ベンチャーから内定をもらって蹴ったこともある。転職エージェントにはMR以外の案件を依頼したが、生保や住宅の営業職ばかりを紹介された。

3回目の転職活動では外資系大手製薬会社から内定を貰い、勤務地となる京都の賃貸物件まで契約した。だが、どうも決めきれない。草津温泉に1人で旅し、じっくり考えた末、「まだ迷うということは腹に落ちてないんだな」と、転職を思いとどまった。移籍したところで、給料が多少上がるだけで、やることは変わらないのだ。

そんな折、登録していたリクナビから、**金型商社ミスミ**の説明会のお知らせが入り、アプライした。「経営者を志す者、この指止まれ」という三枝匡社長のメッセージに直感的に惹かれた。

ドクターに付き添って学会旅行で仙台に行った帰り、六本木ヒルズで三枝社長の話を聞いた。今まで聞いたプレゼンで間違いなく一番。ロジカルで説得力があった。自分で事業シーズを発見し、ビジネスプランを作り、工場と生産交渉し、市場に出す。三枝氏のプレゼンは心に響いた。

Hさんは、父親が事故に遭って身体に不自由を負いつつも設計技師として自立しており兄弟2人を育て上げてくれたことから、「自立したい」という動機が強まっていた。「30歳が職種を変えるリミットだと思い、29歳でミスミへの転職を決意しました」（Hさん）

MRは外勤手当がつき、待遇は悪くない。5年目で年収は700〜800万円だ。だが、他では通用しないスキルだし、ぬるい世界だと思った。身についたスキルは「気に入って貰えるモノの聞き方」などの対人スキルだという。

†専門商社へ（29歳〜）

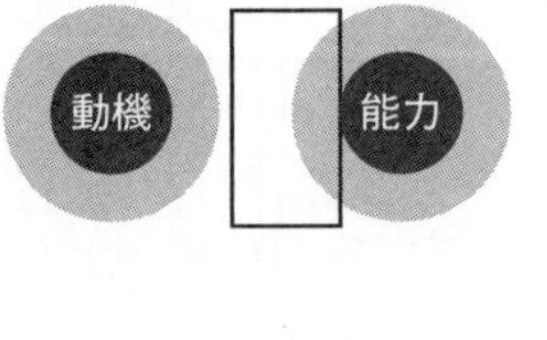

[MR時代] MRにやりがいは感じられず、転職活動を試みるなかで、動機面では自立心が高まる。能力面では3年で成長感が止まり、危機感を持って金型商社への転職を決意。

給料を100万円ほど下げての転職となった。転職面接では「大企業にいた」「大学病院を担当していた」「研究会を立ち上げてパフォーマンスを上げた」などが評価されたようだ。

ミスミでは、自分で市場を作ることが求められる。たとえば、居酒屋で使う食材の下加工を請け負うビジネス。これは収益が上がらず、最後は「カクヤス」に事業売却した。動物病院向けに医療機器用の消耗品を通販で売るビジネスなども立ち上げた。

社内転職の仕組みとして「メンバーがらがらポン」が2年に1度、大々的に行われていた。50個ほどの事業でディレクターが事業プランを発表し、3日かけてプレゼン。社員は自由にアプライして、移る。Hさんは新規事業をやっていた部署へと好んで移った。

ミスミのディレクタークラスは外部からヘッドハンティングされた優秀な人が多い。彼らに新規事業を承認してもらうには、ロジックで説明するしかない。そのときに感じたのが、論理的思考力や経営理論など、ビジネスパーソンにとっての基本能力不足だった。そこで「グロービス」に通い、「クリティカルシンキング」「定量分析」などを受

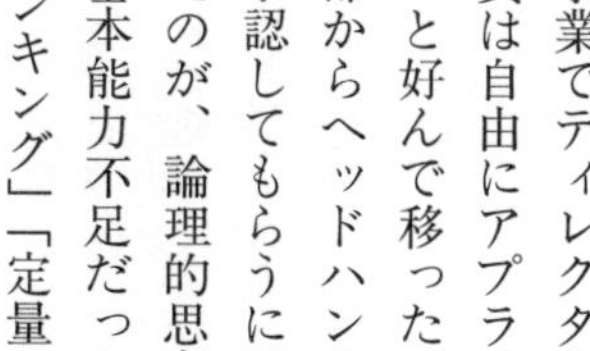

[ミスミ時代] コア動機かどうかは不明ながら、自立動機はさらに高まる。仕事のなかで、新事業提案や論理的思考力といった強みがわかり、ビジネススクールにて能力に磨きをかけることを決意。

講した。

ミスミのプロジェクトでは、グロービスで学んだことを、そのまま活用できた。経営理論の強力さを知るにつれ、体系的に経営理論を学びたいと思うようになってきた。そこで丸3年の在籍ののち、KBS（慶應ビジネススクール）にてMBA取得を目指すことにした。32歳ということもあって、英語を勉強している時間はないと考え、国内から選んだ。

†ビジネススクールへ（32歳〜）

ビジネススクール2年目の夏に予約を入れ、2回の面接が通って、ボストン・コンサルティング・グループのサマーインターンに参加した。2週間のコースで、1回あたり4人から7人の少人数制だ。

Hさん以外は、ロンドン大やハーバード大卒など、そうそうたる経歴の持ち主。最初は「負けたな」と思ったが、最終的に採用されたのは、そのインターンのメンバーでHさん1人だった。

面接では、新規事業の立ち上げに携わってきたこと、国内ビジネススクールで日本の経営について深く学んだことを強みとして訴えた。自立したい、という動機も訴えた。

「日本国が破たんしても自分は飯を食えるようになりたい」。これは、事故に遭っても家族を養ってくれた父親を見ているからだ。

今は世界有数のコンサルティングファームでキャリアを積むなか、能力をさらに磨いている。「自分が今、こうなっちゃってるのがビックリ」というHさんだが、帝人に残っていたら、社内ではエリートでも、MRしか出来ないビジネスパーソンとなり、リスクが上がっていた。

「自己のキャリア設計をせずに漠然と目の前の仕事をこなすだけのビジネスパーソンは、緩慢なる自殺の過程だ、と思う。僕の帝人時代の同期は、もうどこにも転職できないでしょうが、外部環境の変化でいつ会社が傾くか分からないから、超ハイリスクです。転職＝リスク、と考える人が多いですが、『残るリスク』が高まっていることに気づくべき。自分は、会社が潰れたって構わない人になりたい」（Hさん）

†完全なキャリアチェンジは20代まで

Hさんは29歳で決断した。MRは医者向けの営業（医療情報の提供のみで、価格交渉なども担当外）という特殊能力が必要な職種で、逆にいえば、それしか身につかない。別の業界に移り、かつ、金型商社のプロデューサー的な職務へと職種のほうも変わるとなると、

30代では採用する側としてもリスクが高いため、限界は20代にやってくる。明らかに自分の動機とは異なる会社に5年以上在籍したことは、むしろ長すぎたくらいだ。

一般的に、第二新卒時期をすぎてキャリア5年ほどの職務経歴が出来上がると、それまでのキャリアを活かした転職しかできなくなる。つまりHさんが転職せずに30代に突入すると、次も、同じ「営業職」か、医療機器メーカーなど「医療関連業界」でなければ、受け入れられにくい。

1社目が「くじ引き」になるのは仕方がないことだが、2社目以降の失敗はどんどんリカバリーが難しくなるので、確実に動機にぶつけていく必要がある。Hさんにとってそれは、自立動機を満たすために、各自が自営業者的なプロデューサーの役目を果たす能力を求められる、ミスミという会社だったのである。

もう一つ、**キャリアチェンジにおいては大学院をはさむという手もある**。業種も職種も違う人を採用するとなると、企業側としては採用する理由がほしい。ポテンシャル以外の理由がほしいのだ。大学院卒業見込みとなれば、専門知識をアピールできる。私の友人は新卒でＡＩＵ保険会社に就職し、損害調査部門で社内の電話応対業務をしていたが、3年で辞めて英国の大学院にＭＢＡ留学し、帰国後にトヨタグループの優良企業として知られるデンソーの経営企画部に就職した。鮮やかなキャリアチェンジである。

私が取材した例では、新卒時に先輩の薦めもあって大手損保会社に就職したものの、働きはじめて動機（やりたいこと）が明確になり、丸2年で辞めて早稲田の大学院に戻って著作権について専門知識を学び、大手のコンテンツ制作会社に就職した人がいる。採用する側としては、社会人2年＋大学院2年で、まだ20代後半で、社会人基礎力と専門知識があるとなれば、大歓迎だ。20代のうちは、やる気次第で、キャリアチェンジのチャンスは満ち溢れている。

†「職種が想定外だった」問題

一般的に、「業界」を変えるよりも、「職種」を変えるほうが難しい。したがって、二番目に優先的に考えねばならないのは、次頁の図の右下にあたる、同じ業界内で職種を変えたい場合である。

ドラッカーの「くじ引き」云々の問題は、職種別採用が主流の米国での話を想定している。つまり、「その職種がいいと思ったが、実は自分の動機や能力とマッチしていなかった」という場合を指している。だが日本企業の場合は、それ以前の問題として、「そもそも想定していた職種に就けなかった」というケースが発生するから、正真正銘のくじ引きになってしまっており、問題の根は深い。

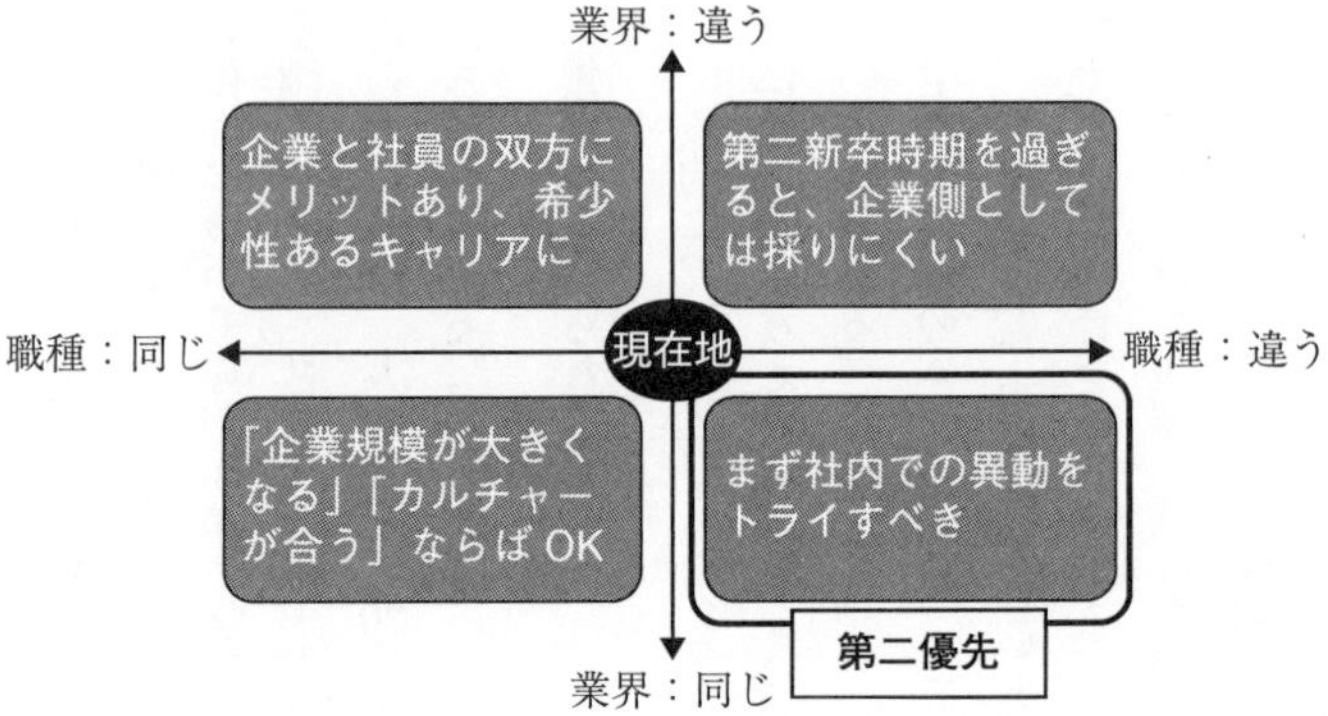

この「職種が想定外だった問題」は、新卒時にのみ、発生する。**日本企業の特徴として、中途では職種別・部門別で採用するくせに、新卒時点では職種を決めずに総合職として一括採用するケースがほとんどだからである**（米国では新卒から「生産管理分野の幹部候補生がほしい」「物流専攻の優秀な人がほしい」といった細かいリクルートをする）。

なぜそうするのかというと、会社にとって都合がよいからだ。私の場合も、これは会社との裁判のなかでわかったことだが、最初の会社で記者職で採用されたかと思いきや、実はそうではなかった。確かに「記者部門」「業務部門」「デジタル部門」の三つで分けて採用している。ところが２０１１年度の採用ページを見ると「※部門別に募集しますが、職種別の採用ではありません」と、丁寧に注意書きがあるではないか。

会社としては、人事権を利用して社員をコントロールするため、フリーハンドを持っておきたいのである。うるさい記者に、「黙れ、言うこと聞かないなら『業務』に飛ばすぞ！」と脅しをかけられるように、法的には総合職一本にしておくのだ。

†目に見えないまま開く市場価値

新聞社の場合、さすがに最初の配属は部門別だから、記者部門で採用されれば、最初の配属は記者職になり、まだましだ（記事に見出しをつける整理部だけは不本意だが）。この問題は、むしろ、営業主体の会社の場合に、より多く発生する。

多くの企業にとって、**文系出身者の多数が配置されるのは、営業職である。**証券会社では、最前線の営業の給与水準を、コミッション比率を高めることで高水準に設定し、社内的な地位も高めているが、それでも進んで営業をやりたい人が多いわけではない。なぜなら第一に、毎月ノルマを課されて、その数字を達成するよう尻を叩かれるソルジャー（兵士）のような存在であり、第二に、田舎勤務が多く仕事面でも生活面でも退屈だからであり、第三に人数が多い＝希少性がない＝市場価値が低い、からである。

逆に、本社にある頭脳の部分、つまり、**経営企画部門や商品企画部門、マーケティング部門の人気は高い。**本社勤務だし、少数精鋭だし、自分が考えた商品が発売されれば面白い。指示を出す側のほうが、出される側よりも、仕事内容にレバレッジがきく。**何より市場価値の高いスキルが身につきやすく、社内でも通常は出世コースだ。**

たとえば**KDDI**は昨今、新卒を200人から250人ほどを採用しているが、一括採用で配属先は運次第。もっとも多い配属先は全国各地の支社で、販売代理店「auショップ」の管理だ。一方で、一番人気なのがケータイのコンテンツ企画（音楽、映像、ニュースなどのメニューを考える部署）だが10人ほどしか配属されない。さらには、国際通話を担当する部署への配属もあり、そこでは20代から海外赴任し、現地通信事業者との交渉を繰り返すという。

30歳時点での市場価値が激烈に開くのは当然だろう。地方支社に配属になると7、8年、同じエリア内での異動となるのが通例だというから、北海道支社に配属となったA君は、まだ道内で「auショップ」のインセンティブ管理などを担当している。市場価値は年収400万円ほどだろう。一方、最先端のコンテンツ企画をケータイキャリア側で7年やったB君は、景気がよいコンテンツ制作会社やネットゲーム会社に600万円で転職できる。さらに、新興国での海外駐在を2年経験し、英語で通信インフラビジネスの経験を7年積んだC君なら、商社やメーカーに800万円で転職できるだろう。

こうした配属先格差は、お菓子類などの食品メーカーやビールメーカーでも顕著である。

中央で少数の開発者が企画して生み出した商品を、全国津々浦々に配置された営業担当者たちが、一斉に売りさばく。食品スーパーにせよ居酒屋にせよ、客先は全国にある以上、各県に営業担当者は必要となる。

これはビジネスモデル上で必要なだけだ。たとえば**キャノン**はキャノンマーケティングという販売会社を別会社化しているから、営業活動はそちらが行う。だが**キリンビール**や**サッポロビール**は、企画も営業も広報も、すべてを一括採用するから、何をやらされるか、入ってみないとわからない。

会社としては、よい人材を囲い込むため、半ばだまし打ちをかける。「地方で泥臭いドブ板営業をやりたいです」という人はあまりおらず（むしろそんなことを真顔で言うやつは信用されない）、商品企画をやりたいです、国際展開をしたいです、という人が多いことは人事部もわかっているから、まず、**配属先の比率について、実績ベースでも計画ベースでも、一切、学生に明かさない**。ほとんど企画やマーケティングのキャリアなんて積めないじゃないか、とバレるのを恐れてのことだ。

よって、採用ページの社員紹介では、「国際○○部」「商品企画部」「マーケティング本部」の先輩社員ばかりが前面に出て紹介され、申し訳程度に1人だけ営業の人が紛れていたりする。

商品企画をやりたい、などと言うと、「まずはスーパーの販売現場でお客さんの声を聞いて、営業の現場経験を積んでから、希望と適性によっては異動できます」というのが常套句。実際には5年から10年、地方行脚する人が大多数で、キャリア的には取り返しがつかなくなることも多い。これは人事部の「**方便**」なのだ。新卒は何も知らないから、人事は「**騙せる**」と思っている。

だが、同期と給料は変わらなくても、目に見えない人材の市場価値は、1年目から配属先によって急激に開いていく。国際部門で3年の経験を積んだ本社の新人と、地方で地場スーパーを相手に売り場の提案や商談を3年やっていた新人とでは、人材の希少性が違うし、身につく能力レベルも格段に違ってくるのは当然だろう。前者は会社が潰れても外資に600万円の年俸で引き取られるが、後者は第二新卒と同じ扱いで400万円から再スタートできればよいほうだ。

†市場価値で冷静に分解してみる

会社としては、終身雇用でやってきた手前、社員が社外に出ることは想定していないし、「みんな同じ給料なんだから配属で文句言うな」という立場だ。労組もカネと雇用にしか興味がないのが普通で、社員のキャリア形成に対する意識は、ほぼゼロ。だが、あらゆる

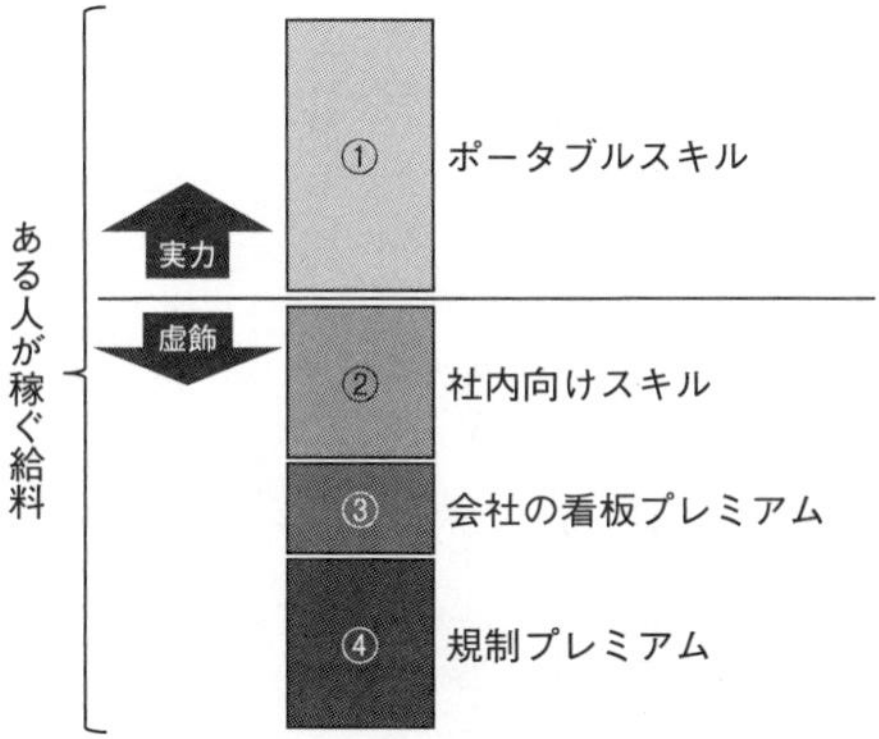

給料の「実力」と「虚飾」の分解図

業界でJAL化リスクは高まっているし、事業ごと売却されたり、合併でリストラせざるを得なくなるかもしれない。もはや大前提が崩れているのだから、社員としては、おいそれと従うわけにはいかない。社外に出るときにモノを言うのは、スキルの市場価値だけだからだ。

この見えない市場価値は、上の図のように4つに分解して意識的に考えることで見えてくる。誰しもが薄々勘付いているとは思うが、改めて冷静に考えてみていただきたい。

①ポータブルスキルとは、特定の会社に依存しない専門的な能力（＝才能＋知識・技術）である。たとえばインドで現地滞在歴3年の商社マンの、貿易の知識、英語の交渉力、現地の商慣行やマーケット知識などは、社外に持ち運びできる。パナソニックなど海外展開を強化したいメーカーに転

職しても、そのスキルには相応の値段がつく。**転職や独立のときにモノを言う**のが、ポータブルスキルである。

②社内向けスキルは、社内でしか通用しないスキルである。俗に「サラリーマンスキル」などとも言う。たとえば、ケース⑥インフラのEさん（NTT時代）の事例でも出てくるように、社内で力のある「○○さんを知っている」ほか、「ヒラメ人間」（眼が上にしかついていないヒラメのように）として上司に媚びへつらったり、社内に固有な業務プロセスに詳しい、などだ。確かに、それによって仕事が進むわけだが、社外に出たら役に立たない。

この社内向けスキルは、企業にとっては競争力の源泉になっていることも多い。たとえば**花王**は、独自の組織力とデータ主義のカルチャーが強みになっている。社外秘とされる、花王専属の「消費生活研究所」（SSKと呼ぶ）を傘下に持ち、消費者の声を収集・分析する「エコーシステム」というデータベースを持つ。

花王では「私はこう思います」は通らない。根拠となる、何がしかの数字を用意しなければいけない。「SSKでの調査をもとに、改良を重ねる。他社は1人で数アイテムを見るが、ウチは大人数を投入し、効果を証明し、消費者に実効のあるものを発売する」（研究開発職社員）。ヒット商品となったヘルシアやエコナ、バブが、その典型だった。

一方、「エコーシステム」とは、問合せの電話、メール内容がデータベース化されたもので、全社員が参照し、商品の改良や研究開発に活用される。それぞれに「品質不良」「マーケ上の不備」「販売上の不備」「製造上の不備」「異物混入」など10個ほどのタグがついており、月に1度、月報としてまとめられる。

社員は日常的に、SSKやエコーシステムを活用するわけだが、そのスキルは、社外のP&Gにもユニリーバにも、持ち運べない。なぜなら、他社にはSSKもエコーシステムも、存在しないからである。

③会社の看板プレミアムとは、その名のとおり、ブランド価値に対して払われているものだ。私がIBMにいた頃、日本IBMでは「うちの製品は1割高くても買ってくれるが、それ以上だと負けてしまう」と社内で言われていた。まったく同じスペックの製品であっても、たとえばソニーの製品なら、ソニーのマークがついているだけで、同じ品質でサムソンより2割高くても、消費者は買うかもしれない。単純化すると、それが回りまわって、社員の高い給与に跳ね返る。

このプレミアム分は、会社を辞めても、減耗率は高いものの、たとえば「元ソニー」という形で一生、付きまとう。そして、給与に、いくばくかはプラス効果があるので、ポータブル度ゼロとまではいえないが、基本的には会社を離れるとゼロに向かって減っていく。

周囲が認める、いわゆる一流企業に勤めている人は、勤める会社の評価が自分の評価であるかのように錯覚している人が多い。そして、所属していることに満足し、危機感すらなかったりする。私は大企業の社員ばかり取材しているのでよくわかるが、「会社の看板プレミアム」のほうが実力よりもはるかに大きいのでは、と感じる人はたくさんいる。

④**規制プレミアム**は、政府の規制によって生み出された給料である。その最大のものがテレビで、2位が新聞だ。彼らの年収の半分以上は、電波や再販、記者クラブといった参入規制によって生み出されているが、実力と勘違いしている人が時々いる。官公庁や、電力やガス、JALやJRなどの交通・インフラ系も、規制プレミアムが大きい。参入が自由で公正な競争条件にもとづく市場原理が働かない業界では、規制が撤廃されたり、業界環境が激変した際に、稼ぐことができなくなり、即死してしまう。

①〜④のなかで重要なのは、もちろん①ポータブルスキルである。仕事内容を選ぶ際には、これを最大化できるかどうか、が一番のポイントになる。その評価は人材エージェントなどに聞けばわかるので、この図を見せて、**自分のポータブルスキルの部分はいったいいくらなのか、複数の転職紹介会社に、定期的に確かめてもらうのがよい**。市場では、①以外はほとんど評価されない（③は30歳くらいまではポテンシャル採用のものさしにはなる）。

私自身、31歳のときに転職活動をしてみて、市場価値を確認した。会計事務所系コンサルのマネージャークラスは９００～１０００万円と相場が決まっており、内部昇格しない限りそのレンジを突破するのは難しそうだった。外資コンサルは、ほぼポータブルスキルオンリーの世界なのでわかりやすい。

出版大手の一角を占める光文社は広告収入の落ち込みなどから深刻な連続赤字に陥り、２０１０年5月、割増し退職金支給による希望退職募集、つまりリストラを実施、44人が応募した。たとえば45歳の場合で計約５２００万円の退職金という破格の待遇にもかかわらず、目標の50人に届かなかった。応募せず年収半減を受け入れた社員は「フリーの編集者として年収５００万円稼ぐのは大変。取り分２％として１０００円の本が10万部売れても２００万円だし、そもそも10万部売れる本はそうそう出せない」と話す。

この、フリーになって稼げる収入こそが、ポータブルスキル分である。こうした環境変化は誰にでも起きる可能性があるので、社内で異動する場合でも、常にポータブルスキルを意識的に磨いていなければならない。②～④は会社に所属することで発生する収入であるが、①は会社の名刺なしでも個人で稼げる収入だから、いざ会社が傾いたときにモノを言うのは①だ。本書でいう「能力」の開発も、①部分を指している。

さて、以上を踏まえて、たとえば**ナショナルブランドの菓子メーカー**（明治製菓、森永製菓、ロッテ……）の地方営業担当者の市場価値を分析してみると、どうなるだろうか。

まず、ナショナルブランドという「会社の看板プレミアム」、そして複雑な流通の問題から外資の参入が難しい「規制プレミアム」、社内特有の発注システムや業務知識に紐づいた「社内向けスキル」。

これらを差っぴくと、「ポータブルスキル」は一般的な営業のコアスキルと商品知識・業界知識くらいなので、給料全体の半分くらいのものだ。その場合、30歳をすぎるころには会社と一蓮托生の覚悟を決めるほかなくなるが、定年までの30年間、会社が存続している保証はどこにもないので、あまりにリスキーだ。つまり、20代のうちに真剣に社内外の異動を考える必要がある、ということである。

†知名度プレミアム＝「その人を知っている」強み

同じ業界内で職種をチェンジしたい場合、重要なことは、**たとえば営業から同業他社の本社部門に直接的に移るのは難しい**、ということだ。採る側に、未経験者を採用するメリットがわかりにくいからである。どうせ未経験なら、給料が安くてポテンシャルが高い新卒を採るか、勝手知ったる社内の人を異動させたほうがリスクが低くてよい。社内に希望者は沢山いる。

だから**職種転換は、社内のほうが圧倒的に実現しやすい**。「その人を知っている」という強みを活かせるからだ。私は企業の人材最適化やリストラを支援するコンサルティングをしていたが、リストラ後の業務再編と人材再配置に関する会議で感じたのは、「その人が知られている強み」だった。「あの人なら、あの部署に行ってもやっていける」「あの人は使いづらい」などといった経験ベースの感覚で、実際の人事異動が決まっていくのである。最悪なのは「あの人は知らない」で、そのまま放置されたり、リストラ対象になる。

こうした、履歴書や職務経歴書には出てこない属人的な感覚（多くの場合、「能力」でも「動機」でもなく、部署の人事権者と合う、合わないといった性格や人柄の特徴）で、社内でしか実現しない職種転換が可能になる。私がコンサル時代にセクレタリー（部に数人いる秘書）として新卒入社した女性は、入社10年目の現在、人事部で採用担当をやっているそうだ。セクレタリーは給与体系が別で、昇格にも上限があったのだが、今ではコンサルと同じ総合職の体系に職種転換を果たし、さらに上を目指せるようになった。転換制度は特にないのだが、役員にかけあったのだという。

セクレタリーのキャリアだけで他社の人事部員に転職するのはまず不可能だが、社内では実現できるわけだ。外部からまったく知らない人を採用するのは、それだけでリスクがあるから、企業としては、ポテンシャルが高い30歳前後くらいまでなら、社内から採ることに一定の合理性がある。こうした**「知名度プレミアム」**を活かした職種転換は社内での

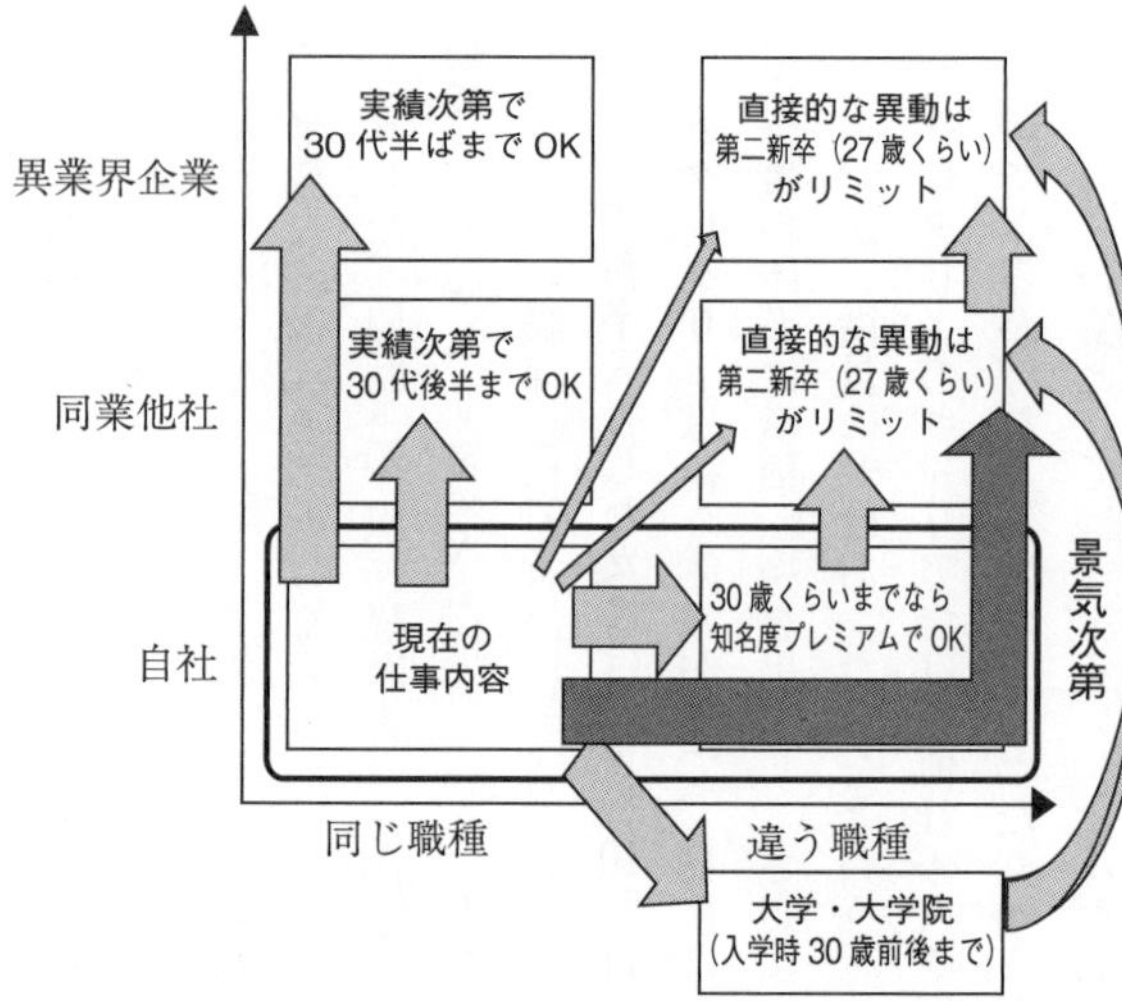

業界・職種の変化と異動時期リミット

※矢印の太さは難易度を示す。

み使えるものなので、このカードは無駄に捨ててはいけない。組織に入ってしまえば道は拓ける、ということがあるのだ。

たとえばケース⑤教育のDさんは、ウェブのプロデューサーとしてサイバーに入社したのに、1年後には、人事部に様々な提案をしたことがきっかけで人事部に異動になり、キャリアの幅が拡がった。32歳の人事業務未経験者が人事部員として外部から採用されることはありえないので、これも知名度プレミアムの為せる業である。現在、子会社の人事全体を一手に引き受けキャリアの幅を拡げているDさんは、他社の人事部門への転職も可能な立場になっている。

これまでの議論を図でまとめておくと、前頁のようになる。矢印の太さは難易度を示す。上への異動（同じ職種間）は常に太く（異動しやすい）、直接的な職種転換は第二新卒時期までで、そこをすぎたら、大学院を挟むか（ただし再就職のルートは景気次第で太くも細くもなる）、または、いったん自社内で横（社内他部署）に動いたうえで上（社外）に動くという2段構えの戦略的キャリアプランが有効であることを強調しておきたい。

†職種変更、6つの方策

以上、同じ社内でも配属で人材の市場価値に差がつくこと、日本企業では社内での異動が比較的容易で利用しない手はないことを述べた。これらを踏まえ、**「業界はよいのだが職種が……」**という問題に対する方策を6点述べる。

第一に、不動産のGさんがそうしたように、**最初から条件をつけて入社することだ**。たとえ口約束であっても、人事としては自分が採用した人材には活躍してもらいたいから、無下に扱うことはせず、普通は尊重する。そして、最初の1、2年は社会人修業だと思って取り組む。これはキャリアとしては無駄ではない。だが3年以上、コア動機とコア能力にぶつからない仕事をするのは避けたほうがよい。

第二に、これは身も蓋もない話ではあるが、**外資を選ぶことだ**。職種別・部門別採用が当り前なので、雇用は安定していないものの、希望する仕事内容でキャリアを積める。

たとえば日本企業の代表選手的な日本生命は総合職一括採用なので、30歳時点の同期入社組のうち、支社でニッセイレディなどを管理するリーテイルが6割（支社も含む）、資産運用1、2割、ホールセール（企業向け）1、2割、その他1割、といったところだ。中堅社員によれば、「資産運用をやりたくてできないと不満を言う人が確かにいる。でも、だったら最初から外資に行けばいいんです。ウチは総合力としてのハイパフォーマーを育てる方針だから」。このように日本企業は、会社と一蓮托生の運命共同体になることを求めてくるので、その覚悟が必要だ。トップ企業であっても、「JAL化」リスクは常にある。

第三に、**「辞めるカード」**を切る。これはトップセールスの場合にしか切れないカードである。私が取材した中堅証券会社の営業マンは、営業成績が同期の間でも、トップクラスだった。地方支店の営業から脱するために転職活動をし、20代後半に、シティバンクから内定を得た。そして、本社部門に異動できないなら転職する、と上司に申し出た。会社としてはトップセールスには辞めてもらいたくないので、本社の国際部門へと、希望どおり異動させた。前出の不動産のGさんにしても、同期でトップの営業成績を収め、それを武器に上司と社長に直談判して希望部署に異動している。

第四に、自分のキャリアプランを訴え、**上司や人事に地道に相談、アピールする**。これは社風によって受け止め方がまったく異なるが、新興企業や外資では好意的に受け入れられることが多い。ケース⑦コンサルのFさんは、業務プロセス系の仕事から、「マーケティング・戦略系のプロジェクトをやりたい」と主張して社内でプロジェクトを移り（＝事実上の職種変更）、そのキャリアを売りにして、投資銀業務を行う金融会社に移籍し（＝業界変更）、さらに同じ金融の職種でＡＮＡに移籍した（＝同職種・異業界へ）。その間、わずか3年余りだ。安穏として会社に言われるがままの仕事をしている人との違いは大きい。

社内では知名度プレミアムで「その人を知っている」強みが活きるため、「まあ出来るんじゃないか」と思われるレベルで、社内の異なる職種に携わることができる。それが、その次に進むキャリアで決定的な役割を果たす。外資ではポジションが空くと、社内よりも社外から人材を調達するケースが普通だが、解雇要件が厳しい日本では、社内の人材を極力活かさざるを得ない背景もある。

第五に、**社内公募制度**。これは、制度が存在する会社のみだが、ＮＥＣやソニーは活発で、直属の上司の承認も不要だ。メガバンクには制度が大抵あるが、支店長（部長）の承認が必要なので、人間関係が難しい。カルチャーによっては、**双日や富士通**のように、制

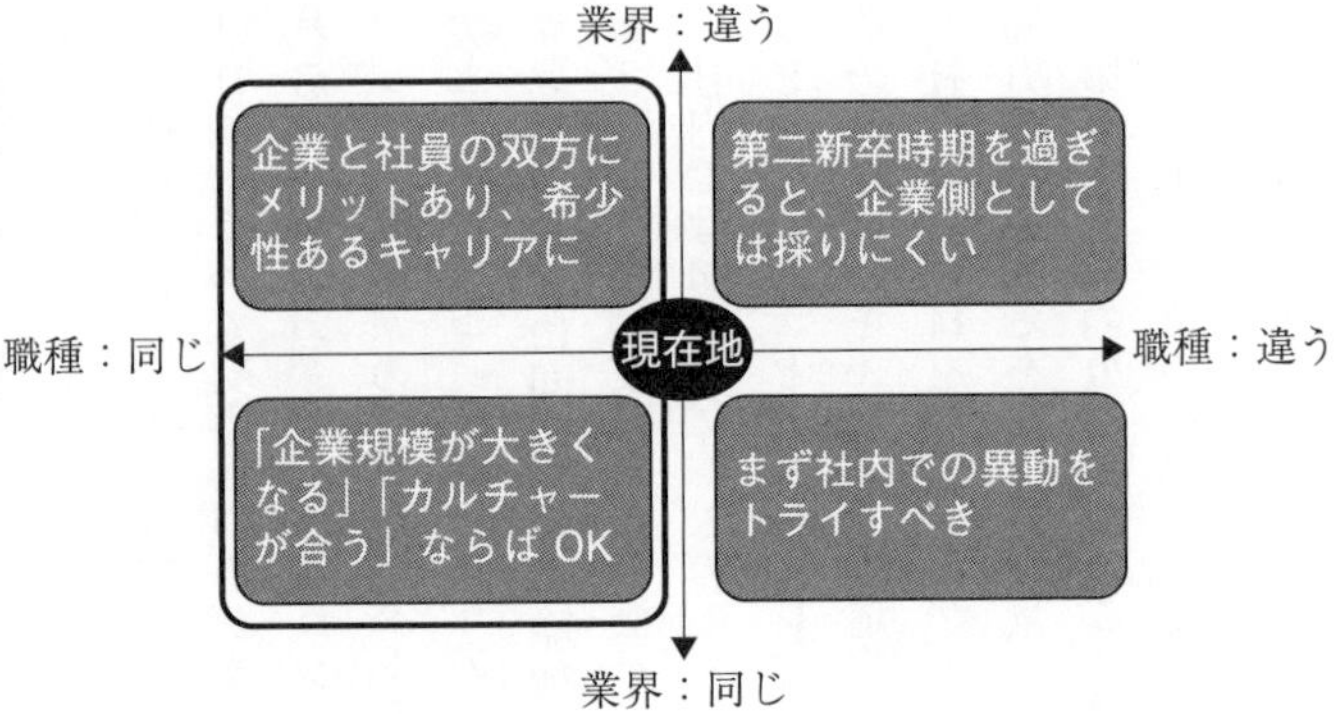

度を使って異動した人を裏切り者扱いするケースもある。

第六に、最終手段としての、転職。たとえば出版社の営業担当者が、編集をやりたいといって他の出版社に移籍するケースはときどきある。心情は理解できるが、採用する側としてはポテンシャル採用になるため、20代でないと難しい。

†同じ職種のまま、異業界へ移る

図の左側、つまり職種が同じ場合は、それほど困難はともなわない。職種が同じということは、「能力」はそのまま活かせる、ということだ。

なかでも左上、つまり職種は同じまま違う業界に転職する場合は、業界を変えることで「動機」が満たされるケースは多い。

ケース①地銀のAさんは財務職を軸に転職してい

くことでキャリアを作っていったし、ケース②旅行のBさんは一貫して営業職でキャリアを積んだ。ケース⑤教育のDさんは編集職で異なる業界に属する三社を渡り歩いた。

能力というのは、主に職種に紐づく。これは、多くのコンサル会社の組織が、「金融業」と「官公庁」だけが業界という単位で独立した組織になっており、残りの全ての業界は、ひっくるめて業界横断的にサービスライン（サプライチェーンマネジメント、カスタマーリレーションシップマネジメント……）単位の組織で構成されていることとも関係がある。20世紀的な業界の切り方は、意味がなくなってきているのだ。

たとえば、通信業界とゲーム業界を融合させたGREEやDeNAのような会社が伸びていたり、10代の漫画雑誌の敵が、ケータイの通話料金だったりする。従来型の業界や市場の垣根を越えたところで能力を発揮できないと、人材価値がない。その意味では20世紀的な職業分類も崩壊したといってよい。

今後ますます、「能力＝才能＋知識＋技術」を伸ばしながら、その能力を活かした職種を武器に、従来型の業界の間を縦横無尽に渡り歩いて、自分の内なる動機を満たせる職に就く、という動きが、キャリアの王道になってゆくはずだ。地銀のAさんは銀行員時代の融資経験が、ホテル業に転職して融資を受ける側になったことで強みになったし、旅行のBさんは旅行業特有のドブ板営業で身についた度胸が、逆にスマートな営業マンが多い金融業に転じてから活きた、と語っている。

変な既成概念から同じ業界内に固執すると、たとえば古い業界では「**ロッテ、森永、明治、グリコの4社では、裏協定があるといわれ、この4社間での転職は聞いたことがない**」（ロッテ社員）などと言われるように、人事が裏でつながっていたりして、転職を阻まれる。業界の枠にとらわれないなら、そういうしがらみもない。

†同じ職種、同じ業界へ移る

最後に、図の左下の、職種も業界も同じ転職をする場合だ。これは、社内で様々な限界を感じた場合に脱出策として有効である。たとえば商社で自分が属する事業部にこのまま在籍していても、海外に5年は行けないことがわかった、他の部への異動も難しい。一方、自分の動機を満たす仕事内容は、海外での営業だ、となったら、専門商社でもプラント開発会社でも、移籍すればよい。もはや5年後の世界はどうなっているかわからない時代なのだから、**待つリスクのほうが大きい**。

カルチャーが合わない場合も、移る理由としては大きい。ケース⑥インフラのEさんは、インフラという業界で新規事業創出を専門に手掛けることになるが、**官僚っぽいNTT、宗教っぽい京セラ**と、主に企業カルチャーとの折り合いで苦しんだ。その教訓から、直近の転職では、**宗教っぽいトップダウンカルチャーの楽天**を避けている。

ケース⑧不動産のGさんは、不動産の営業という職種ながら、そのなかで幅を拡げていった。コンサルティング営業から、自社でリスクをとる開発事業の営業、そしてより収益性が厳密なファンドの営業。能力を開発していく上では、理想的なキャリア設計になっている。もちろん、自分の動機が満たされる仕事内容であることが大前提である。

†動機を満たす仕事の中から、能力に合ったものを選ぶ

以上、職種が同じであれば、30代半ばまでなら比較的、会社を移ってキャリア形成をすることは難しくないし、逆に職種を変えるならば20代までだ、ということを述べた。

これまではタイムスパンを中心に述べたが、そもそも自分の向かう場所がわからなければ、キャリアチェンジの決断はできない。その判断基準を、どう持つべきなのか。「動機」との関係では、職業（職種・業界）をどうやって選ぶべきなのか。

たとえば私は、国の政策に関わりたい、という漠然とした動機があった。それで就職をどうするか、考えた。その場合、選択肢は①政治家②官僚③メディア④シンクタンク⑤NPOや活動家……といろいろ浮かんでくる。職業というのは動機を満たす手段にすぎないのだから、最もうまく満たせる、つまり能力を発揮できる職業を選ぶべきだ。

そこで、自分の能力との調整を行う。それぞれの職業が要求する能力は、まったく異なるからである。まず、官僚は、全テストで100点をとるオールマイティーなタイプではまったくない私は、能力的に無理と考え、却下。

NPOや活動家は、まだ国内ではビジネスモデルとして成立しておらず、それでもやりきるだけのハイレベルな能力と肝の据わり方が要求されるが、自分にその能力はなかった。あの世界は、湯浅誠氏のように単独のイシュー（たとえば貧困問題）に対する徹底したコミットメントが求められるが、私には、その単独のイシューもなかった。

シンクタンクは、証券会社の一部門としてマクロ経済分析をやるポジションはあるが、政治・政策関連のポジションは日本ではない。自分で作る力量もなかった。政治家は不特定多数に笑顔を振りまいて頭を下げる仕事だが、自分には、そういうネットワーキングの能力も社交動機もないことは明らかだった。

となると、消去法でメディア企業で働く、ということになる。テレビは、コネも即応力の資質もない私には能力不足だ。そして、最後が新聞記者である。必要な資質は、ライティング力、ヒアリング力、課題設定力、ネットワーキング力など。逆に、スピーキングやプレゼン、概念的な発想力は求められない。しゃべりは達者だが記事が下手な記者を、新聞記者ならぬ、新聞「話」者、という。もちろん、新聞話者は、記者としては二流である。

新聞記者にとっても、政治家同様、社交性は必要な資質だ。見知らぬ人との出会いを求め、新たな人間関係を築くことを楽しむことができる資質である。重要な情報源を確保し、人脈を拡げるには、確かに社交性が必要だろう。私にはこの資質が欠けている。

だが、ある職業に必要となるすべての資質を持っている人など、そうそういない。必要な五つのうち三つを持っていれば、強みを伸ばすことで戦える。第5章でも述べたとおり、才能（資質）を積極的に伸ばし、欠けている資質については外部委託するなどで補えばよいのだ。

私は現在、物書きとして独立しているが、ネットワーキングについては社交性に富む友人と提携し、取材先を紹介してもらっている。その友人は人材紹介業を仕事にしているから、常に新しいネットワークを拡げており、そこに強みを持っている。つまり、私と能力の補完性がある。何もかも自分でやるのは無理だ。皆が、それぞれの強みを活かすことによってのみ、事を為すことができるのである。

このようにして、動機を満たす職業のなかから、自分の才能に合致するものを選んでゆき、強みを伸ばし、弱みは外部の人と補い合う。職種や業界を選ぶ際の判断基準は、あくまで動機と能力の見極めによって行うべきである。

†よい偶然を計画的に起こす

大きな目的（動機）さえ決まっていれば、そこに至る道（職種、業界）は1本ではない。強みを活かせる能力を磨き、そのときどきの状況に合わせてポジションを動かしてゆけばよい。

私は新聞記者時代に、今のように、物書きとして生計を立てる、という漠然とした夢はあった。だが、90年代までは、出版のハードルは高く、一部の学者や有名人が出すものだと思っていた。ところが本が売れなくなってきたために新書シリーズを増やすなどで、新刊の刊行点数は89年の約3万8000点に比べて、2008年は約7万6000点と倍増（『2009年出版指標年報』より）。著者も多数必要になるため、「本を出す」というハードルが、この20年で一気に下がった。そのなかで幻冬舎のような新興の出版社が出現して、私のデビュー作は幻冬舎が出してくれた。

これは予想外で、予期せぬ偶然であった。市場は変化し続けるし、プレイヤーも変化する。そのなかで、予期せぬ出会いがあり、キャリアが進んでゆく。

99年にスタンフォード大学のクランボルツ教授が発表した「プランド・ハプンスタンス・セオリー（計画された偶然理論）」の考え方は、おおいに参考になる。数百人に上るビジネスパーソンのキャリアを分析した結果として、「キャリアの80％は予期せぬ偶然の出来事によって形成される」という結論を導き出したものだ。

変化の激しい今の時代、逆に必然のキャリアとは何なのか、と考えてしまう。NTTでいえば、1987年までは、キャリア組（A採用）とノンキャリ組（B、C採用）を明確に分けて採用しており、A採用の人は、仕事をしなくても確実に理事クラスまで昇進でき、最後は1700〜1800万円の年収をもらえた。「我々の世代は理事になるのは大変だし、給与水準も下がる。これだけ不公平だと、上を目指すのがバカらしい」（若手社員）。このかつてのA採用のキャリアは、「必然」によって形成されていたといえる。今では公務員制度改革が議論され、官僚の世界すらどうなるか分からない時代に変わった。

同じくNTTからキャリアをスタートしたケース⑥インフラのEさんは、大学院に上がるときに偶然選んだゼミの教授が、「戦うのは世界だ」と常々述べており、英語で海外の学会に論文を出し、学生が渡される資料も英語だった。日本の土木の世界では異端児だったという。Eさんにとって教授の影響は大きく、「技術として外国とどう戦っていくのか？」を考えたところからキャリアが始まる。そして、3社を渡り歩いたあと、その教授にシカゴ大MBAの推薦状を貰って留学した。

Eさんにとっては、在籍していた三洋電機がパナソニックに買収されたのも偶然だった

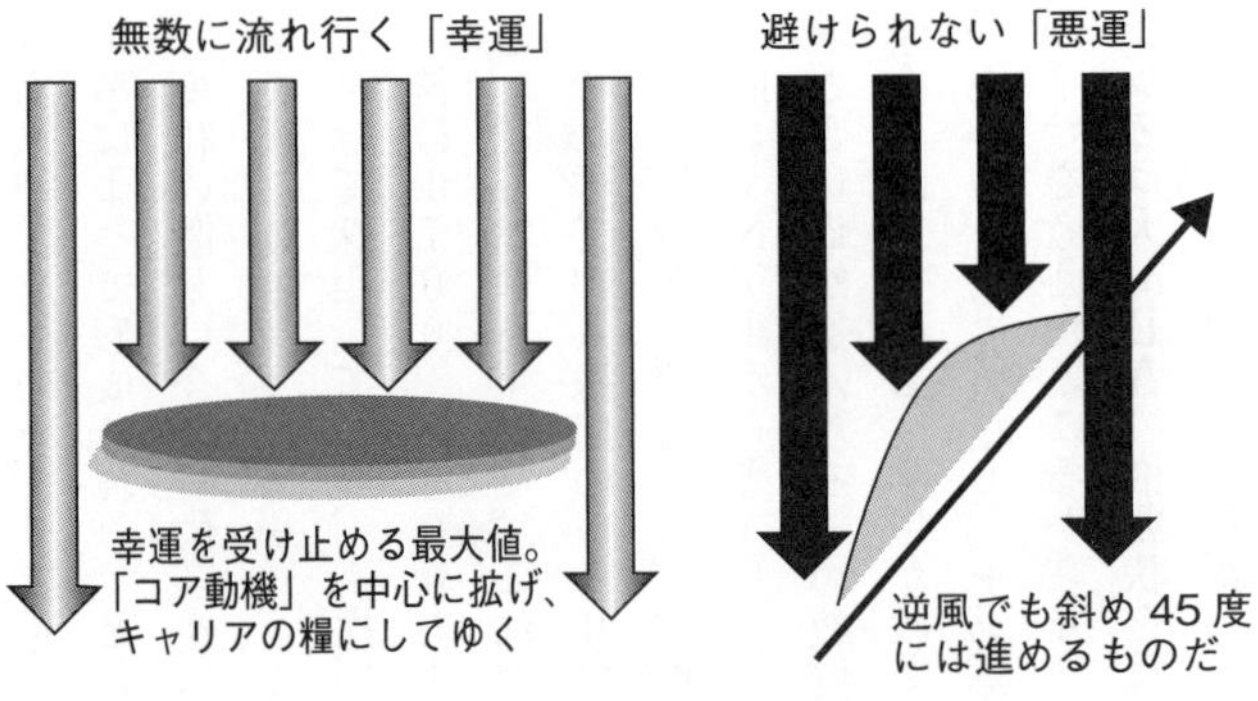
無数に流れ行く「幸運」
幸運を受け止める最大値。
「コア動機」を中心に拡げ、
キャリアの糧にしてゆく
避けられない「悪運」
逆風でも斜め45度
には進めるものだ

動機が明確なら、キャリアの幸運・不運は計画できる

し、自身の所属する事業部が京セラに売却されたのも偶然だった。キャリアは偶然に満ちている。だからこそ、「人は変わらざる中心がなければ、変化に耐えることができない」(『7つの習慣』)というコヴィーの言葉がより重要になっている。中心となる動機が明確なら、よい偶然を計画的に起こすことができるのだ。

Eさんは、海外でインフラを手掛けたいという動機の中心があったため、教授との出会いを幸運として受け止めることができ、卒業して10年余りたってもなお連絡を絶やさず、キャリア形成の力になってもらうことができたわけだ。

このように、よい偶然を計画的に起こすには、無数に流れていく幸運に気づき、受け止めなければいけない。そのためには、コア動機を中心とした円形の、受け止めるためのアンテナ、風呂敷のようなものを拡げておかないと、「もったいない幸運」を取り逃がしてしまう。この受け止める最大値が小さい人、動機が不明瞭な人の周りには、ビュンビュンと幸運が通りすぎてゆく。

逆に、悪運も同様にやってくることは避けられないので、こちらは衝突の仕方を工夫していくしかない。私はウィンドサーフィンをやるのだが、帆の向きを調整することによって、向かい風に対しても、斜め45度までなら風上に向かって登ってゆくことすらできる。同様に、受け止め方は自分で変えられる。よい偶然を計画的に起こし、悪い偶然をやりすごすことは、キャリアに限らず、人生全般において重要である。

†「弱い紐帯」論

よい偶然というのは、インフラのEさんの例でもそうだが、人との出会いによって、人がもたらしてくれることが多い。特にキャリアにおいては、「弱い紐帯」というネットワーク理論が有名である。

これは同じくスタンフォード大学の社会学者マーク・グラノヴェッター教授による仮説で、1970年代初頭、ハーバード大学の博士課程在籍中に、人が新しい職を得るときにどのような人的ネットワークを利用しているのかを調べたもの。その結果、過半数の人が個人的なつながり、いわゆるコネを利用していたが、そのコネのうち80％を超えるケースが「弱い絆」で、就職に際して「強い絆」が成功をもたらしたケースは、20％にも満たないものだったという。

強い絆とは、親友や家族など緊密な関係の人たちを指し、弱い絆とは、関係性の低い人たちを指す。「よく知っている」人同士は同一の情報を共有することが多いから、自分の知らない有益な新情報が入る可能性が低い、という仮説である。

本書で紹介した例でも、弱い絆がキャリアを発展させた例は随所に見られる。ケース⑤教育のDさんは、次のキャリアを考えるため白紙でベネッセを辞めたとき、偶然声をかけてくれたのがSさんだった。Sさんは大学時代から知っていた訳ではないが、2年先輩だった。社会人になってから、ドイツ語の授業で一緒だった同期の友人と遊んでいたときに、偶然、そのグループにいただけだ。

Sさんに引っ張られてディスプレイ会社で働くことになり、希望どおりウェブの編集スキルを学び、給料も上がり、20万部発行のフリーペーパーを編集長として同時に手掛け、次のサイバーへの転職につながっていった。

ケース②旅行のBさんは、2社目から3社目への転職が決定的なステップアップとなったが、その仲介役となったのは、2社目の日興時代に遠くからBさんの働きぶりを見ていた元社員だった。Bさんいわく、「目をつけてくれたことに、今でも感謝しています。社内では、いつ誰が見ているのか分からない」。同じ会社に在籍していた当時は接する機会はなかったのだから、まさに「弱い紐帯」の典型例である。

同様に、ケース⑧不動産のGさんが転職したのは、2度とも、クライアント（取引先）に引っ張られたことによる。働きぶりを認められた形だ。好ましい幸運は人が運んでくるのである。

†「六次の隔たり」論

待っているばかりが紐帯ではない。私の知人は、90年代後半に旧都銀に入社し、体育会系の社風に馴染めなかった。入社1年目に、ワタミの渡邉美樹社長が実名で登場する小説『青年社長』（高杉良著）を読み、心を動かされる。

そこで入社2年目に、思い切ってワタミの社長宛にメールを出した。会ってみてフィットしたら、そして社長の近くで仕事ができるなら、転職しようと考えたのだ。すると、社長の伝言ということで、秘書からメールが来た。「3年は頑張れ、3年やってダメだったらいつでも連絡をくれ」ということだった。このように、自分から動けば、道は開ける。運はある程度、自分で引き寄せられるのだ。

「六次の隔たり」という有名な仮説があるように、あらゆる人は5人程度の仲介者によって間接的につながっている可能性がある。これは、自分から動けば、相手がどのような人物であろうと、望ましい紐帯を作り出すことも不可能ではないことを示している。

六次の隔たり論は、米国の社会心理学者スタンレー・ミルグラムが1967年に実施した実験に由来するが、facebookをはじめとするソーシャルネットワーキングサービス（SNS）など、IT化が進んだ現代ではさらに狭くなっているかもしれない。SNSで業績好調の「GREE」は、社名を六次の隔たりを意味する「Six De"gree"s of Separations」から名付けている。

私自身、今のインターネット新聞事業を始める際、新しい新聞構想を『朝日ジャーナル』時代から発表していた朝日新聞出身の本多勝一氏に会いに行ったのだが、それは同志の友人2人を介してのものだった。私は社交的な人間ではないので、単独では実現しなかったのは間違いない。

そして、新しい新聞を作る勉強会が始まり、そこで出会った人たちが今、MyNewsJapanに記事を書いてくれている。これも弱い紐帯がもたらした幸運な出会いではあるが、結果的に見ると、自分が動機（世の中をよりよくしたい、そのための新メディアを創りたい）に基づいて動くことによって、「幸運を計画的に起こし、それを受け止めた」ことになる。だからクランボルツ教授の「計画された偶然理論」には納得している。

第７章
国がやるべきこと

以上、本書では、ポスト戦後のキャリアモデルとして「動機・能力モデル」を提唱してきた。それは一言でいえば、「動機の顕在化と能力開発の二つに注目し、30代半ばまでに両者の交差点で仕事を得る」というものだ。本章では、既存のキャリア論と何が違うのか、そして、政府は国民の仕事人生に対して何をすべきなのか、を述べる。

†「いかだ下り―山登り論」

リクルートワークス研究所の所長、大久保幸夫氏が述べているのが、いかだ下り―山登り論である。まず、入社してから10年から15年は、いかだで川を下っていくように、流される。「自分がいったいどこに向かっているのかもよくわからない」が、急流や岩場を乗り越えていくなかで力をつける。そのなかで基礎力が磨かれる。

その段階をすぎると、山選びにはいる。「次に、山登り型でその選択した専門分野でプロとしての力量と実績を積み重ねてゆき、その道のトッププロとして地位を築いてゆく段階」(『キャリアデザイン入門I』日経文庫)である。この、段階が変化する「いかだ下り」の卒業期は、30代半ばだとしており、この移行をスムーズに行うことがキャリアを成功に導くという。

これは戦後の考え方で、「ポスト戦後」の現在では通用しない。**いまや、35歳までいか**

だ下りをして、どこに向かっているのかもわからずに流されていたら完全に手遅れで、取り返しがつかなくなる。解雇規制が厳しく労働市場がロックインされてしまう日本においては、勝負はポテンシャルの高い20代の間にかけないと、間に合わない。35歳には、ほぼキャリアとして完成していなければならない。

†「**ドリフト論**」

節目をデザインすれば、あとは流されても（ドリフトさせても）OK、というのが神戸大学教授、金井壽宏氏の主張である。「節目さえしっかりデザインすれば、あとは流されるのも、可能性の幅をかえって広げてくれるので、OKだろう」（『働くひとのためのキャリア・デザイン』PHP新書）

それにはまったく同意できるのだが、我々が知りたいのは、具体的に、節目はいつやってきて、何を、どう、いつまでに、どういう基準でデザインすべきなのか、である。

たとえば鈍感な人が、**40歳のミドルになったときに「今が節目だ」と感じたとしよう。もう手遅れである。**そこでどうデザインし直したところで、もはやポテンシャルも減耗しており、新たに飛躍的な能力の開発は期待できない。リストラ予備軍になってしまう。ポスト戦後の現在では、第2章で述べたように、好むと好まざるとにかかわらず、タイムスパンに基づいたキャリア設計が不可欠になったのである。

†「ステージ論」

慶應義塾大学大学院政策・メディア研究科教授の高橋俊介氏は、個人のキャリア形成に対して、いくつか一貫した主張を述べている。

まず、ワークライフバランスについては、『フリーエージェント社会の到来』の著者、ダニエル・ピンク氏と同様、「ワーク・ライフ・インテグレーション」を主張。つまり、ワークとライフは区別すべきものではなく、統合すべきもの、ということだ。この点、私も同意見である。そしてキャリアのタイムスパンについては、以下のように述べている。

キャリアの初期には仕事にのめりこんで、仕事にやりがいを感じると同時に、稼げる力を自分のものにすることである。物理的に必要なコストはカバーできるレベルにまで仕事の能力を高めてしまえば、精神的に余裕ができるし、いったん収入を七割に下げても、やりたい仕事を優先するといった選択も可能になる。

この稼げる力がないと、つねに収入のために全力で働かなければならないから、結局、精神的な豊かさを長期にわたって維持することができないのだ。

――『自分らしいキャリアの作り方』PHP新書

このキャリアの初期とは、「三十代前半までには自分の賭けたいと思う流れを選んでいただきたい」(『キャリアショック』)と述べていることから、30代前半あたりを想定している。実際、高橋氏自身も、29歳でマッキンゼーに入社してから3年間、馬車馬のように働き、多い月は実働500時間を超えたが、それが今につながるキャリアの基礎になっている、と記している。

ステージごとのデザインをすること、初期のステージで稼げる力をモノにすること。そうすることで、その後のステージにおける「スローキャリア」、つまり**出世第一主義ではなく動機を重視する働き方も可能となること**。いずれも同感である。ただ、やりがいと稼げる力をものにするための具体論に不足感を持ったため、本書ではそこに踏みこんだ。

†戦後から変わらぬ雇用政策を転換せよ

以下は、日本政府として国民に何をすべきかである。日本にはこれまで、雇用政策はあっても、キャリア政策の類は存在しなかった。戦後の日本は右肩上がりの成長を続けたため、必要がなかったからだ。だが、バブルが崩壊して20年を経てもなお、「戦後」の雇用政策のまま、何も変わっていない。明らかに個人のキャリア形成に弊害をもたらし、活力を削ぎ、国力を弱めている。以下3つの政策の実行は必須である。

第一に、基本原則として、**大企業優遇政策を改めるべき**だ。JALは倒産しても1兆円の公的資金で救済され、社員はただでさえ給与も退職金も世間に比べ高いのに、なんと税金から、月額給与6カ月程度の割増退職金が追加で上乗せされた。高給のパイロット職では、50代ベテランにもなると、割増し分だけで1000万円を超える。だが、中小企業が倒産しても、そのような税金による支援はありえない。

これは「親方日の丸」の大企業の社員だけは救われる、という明確なメッセージを国が発していることになり、学生の大企業志向を助長し、企業規模によらない個人の自由なキャリア形成を歪めている。政府が特定企業の社員に税金を投入する社会はフェアではないし、経済の停滞を招く。航空会社というインフラの救済は政策としてありうるが、税金で特定大企業の社員を救済してはならないことを、企業再生支援機構法に明記すべきである。

各種調査で若者の公務員志向、大企業志向、終身雇用志向が明らかになっているが、そのような国の経済は確実に没落に向かう。これは国の政策によるものなので、原則の180度転換（大企業支援→ベンチャー支援）が必須である。

第二に、**企業に労働条件の開示義務を課すべき**だ。2010年から始まった年1億円以上の役員報酬だけを開示させる政策は、多くの労働者にとっては関係がない。働く側が知りたいのは、現場社員の労働環境の実態である。

現在、有価証券報告書で開示が義務付けられている情報は、平均年収と平均年齢、平均勤続年数だけだ。今後は、少なくとも上場企業については、平均の「残業時間」「有休休暇消化日数と消化率」、社員の健康診断の結果、在籍中の死亡者数と死因（過労死認定数など）、平均寿命の公表を義務化するとともに、退職金制度についても公表を義務付けるべきである。これら基本情報が現状、闇の中であるため、われわれは会社選びが難しく、キャリア設計に支障をきたしている。つまり、仕事内容とは別に、激務で辞めざるをえない、という事態が起きる。

たとえばキーエンスは給料が高く、経済誌などでも平均年収ランキング上位の常連だが、一方では、激務から「30歳で家が建つ、40歳で墓が立つ」と言われた時代もあった。平均年収だけが公表されるため、人気は上がる。だが、それと引き換えに何を失うのかについては、公表が義務化されていない。このアンバランスが、社員側・企業側双方に、年収至上主義をもたらしている。

企業には、ますます社員に激務を強いるドライブがかかる。過労死させようが、休みゼロにしようが、公表義務がないからだ。有休休暇の取得率すら日本全体で未だ50％に満たないし、総労働時間はドイツやフランスに比べ年間で数百時間も長い。我々が知りたいのは全体の統計ではなく、個別企業の実態だ。

退職金制度も企業によって差が大きいが、会社選びの際にまったく知ることができない。たとえばトヨタ自動車の社員が勤続20年、40代半ばで自己都合退職すると、退職金は減額率50％で、約800万円しかもらえない。裏では約1600万円を天引きされて積み立てているが、半分没収だ。100％貰うには、30年以上連続で勤めなければならない。

東芝でも、自己都合退職者は、勤続25年でも52％しかもらえない。15年以下で辞めたら25％だけ、実に75％カットだ。とにかく勤め上げない人に対して懲罰的な制度にすることで、社員を会社に縛り付ける。こうした、勤続年数によって報酬差別をする制度は違法にしないと、企業間を渡り歩いての自律的なキャリア形成は、損になるばかりだ。その前段階として、まずは有価証券報告書での情報開示を、徹底して進めるべきである。

第三に、**均等待遇の法制化**。現状では、正社員と非正規社員の身分制度を、国が法律によって作り出している。正社員になれば無期限で、定年まで雇用が守られるのに対し、非正規社員は長くても数年の契約が終わると自由に切られてしまう。どちらも、雇用の安定性に対して同じ条件とすべきで、業績が悪化すれば、どちらも同じ条件で解雇されるし、同じ条件で失業給付や職業訓練を受けられるし、同じ年金制度に入れるようにすべきである。つまり、既存の正社員の解雇規制を緩和し、そのレベルに全労働者を一元化する。

中小企業の社員は業績悪化で解雇されても割増し退職金などゼロが当たり前で、翌日からハローワーク通いとなる。いわゆる整理解雇の4要件を改め、中小企業の社員でも、大企業の社員でも、正規でも非正規でも、企業から等しく半年分程度の割増し退職金を貰えるよう権利として明記すべきだし、逆に企業側としても、人員過剰になったら半年分支払えば解雇できるよう、解雇の金銭的解決を法制化すべきである。

国にそれを補助する財源はないから、企業自身が、払える体力があるうちに、自らの経営判断で、人員整理できるようにする。すると、従来型の正社員の椅子が空くことで、あらゆる労働者が再チャレンジできるようになり、社会全体の人材の流動化が促進され、経済に活力が生まれる。正社員という概念をなくすことで、キャリア設計よりも正社員の椅子にしがみつくことを優先する人も、いなくなる。その前提として、国は同時に、失業時に再チャレンジしやすいような職業訓練＋公的インターン支援、といったセーフティーネット整備も行わねばならない。

以上3つの政策によって、政府は個人のキャリア設計に対する歪みを改め、中立になれる。若者は、やっと自律的なキャリア形成のスタートラインに立てるのだ。これまでは、人材を一企業内に張り付けて馬車馬のように働かせたい「経団連」（大企業経営者）と、休暇や自由を犠牲にしてカネと雇用の亡者のごとく振舞う、労組の上位団体「連合」(中高年正社員)の、両者の既得権を守るために都合のよい法制度が、両者の政治力によって続いてきた。その犠牲になっているのが、若者と、この国の未来なのである。

†連合利権を切れるか

英国15%、米国24%、中国70%、日本92%――。これは、2010年の大学卒業者が、卒業してすぐに就職した比率である(『ブルムバーグビジネスウィーク』2010年6月7日―6月13日号)。

日本人は、有利な就職をするチャンスが人生で1回しかないので、大学3年時に血眼になって就活する。そこで失敗したら人生でハンディを背負うことになる。欧米諸国のように、チャンスが20代全般にわたって拡散されていれば、そのようなおかしな仕組みは解消される。そのためには、人材を流動化して、再チャレンジ可能な社会にしなければいけない。

私が本書で提示したキャリアモデルは、現状では解雇規制が厳しく人材が流動化していないため、40代以降の人材が完全にロックインされることを前提に置いた、現実的なものだ。今の法制度の下では、30歳前後までに方向性を決め、30代半ばにほぼ完成させるというタイムスパンを描かざるを得ない。だが本来、もっと後ろにずれ込んでも再チャレンジできるほうが、国民にとっても国の経済全体にとっても健全であり、活力につながる。そのためにも、この3つの政策、特に3つめの政策（均等待遇の法制化）は、早期に実現しなければいけない。

実現の障害は、戦後の「55年体制」だ。日本は戦後、経団連を支持母体とする自民党と、連合を支持母体とする社会党（現在では連合は民主党の支持母体）が、両者の利害調整をしながら長らく政策決定をしてきた。それが政権交代しても、経団連から連合に若干パワーシフトした程度で、実質的な55年体制は続いたままだ。

連合とは正社員労働組合の親玉であり、仕切っているのは大企業の中高年正社員たちである。だから、第一の大企業優遇を改めることには、もちろん反対。カネと雇用にしか興味がないから、第二の労働条件開示にも反対。非正規から搾取することで高待遇を得ているために、第三の均等待遇にも絶対反対だ。

政府は、「経団連」でもない、「連合」でもない、「働く国民全般」のための政策を推進すべきで、民主党政権が連合利権をどう切っていけるか、が決定的なポイントとなる。「企業の雇用責任」に固執する連合が自ら変わることはまったく期待できないので、政治のリーダーシップで連合を切り捨て、「個人の自律的なキャリア権」重視の政策に転換するしかない。上記3つが、最低限必要となる、具体的な政策である。

†「能力」「動機」両面からのキャリア政策を

最後に、より積極的な政策を述べておく。本書では「能力」(できること)について、各自の才能を発見して伸ばし、その能力を、個人の動機に合った仕事内容で活かすことが重要だ、と主張している。才能は、10代のうちから変わらないし、発見するものであるから、学生時代までに発見できたほうがよい。その仕組みを国が後押しすることで、各自が強みを発揮でき、それが満足度の高いキャリア、そして強い経済につながる。

たとえばスポーツ大会は、よくできた「才を発見するシステム」だ。野球の場合、子供のころから大会が数多く開かれ、そのなかで子供たちは自分の相対的な才能を知っていく。だから野球の才能は、日本では、ほぼ漏れなく発見できる。これら才能の発見につながる大会は、他の分野でも国が後押しすべきである。

スポーツに限らず、囲碁でも将棋でもいいし、数学でも語学でも哲学でもよい。旧共産圏のエリート教育を想起するかもしれないが、強制的でなければ個人にとっても国にとってもハッピーだ。積極的に発見しようと思わない限り、才能は見つからない。眠ったまま使われない才能ほどもったいないものはない。

全員が全教科で80点を取れることを目指すような従来型の教育は、規格大量生産を得意とする戦後の工業立国では有効だった。だが、生産拠点が中国をはじめとするアジアに移りつつある「ポスト戦後」経済においては、金太郎飴のような均質な人材は、もはや求められない。各自が才能を早期に発見しやすい教育へと政策をシフトしていく重要性が高まっている。

両輪のもう片方である「動機」(やりたいこと)についていえば、教育の役割は、第一に知的好奇心を刺激して動機を見つけやすくすること。

そして、第二に10代の若い段階から、より一流の、よりグローバルなものに触れさせることによって、目標のバーを上げることだ。たとえば、同じ「数学を究めたい」という動機を持つ人でも、世界一になりたいのか、日本一でいいのか、学校で一番なのか、という目標のバーの高さは、各自が心の中で設定するものだ。動機は生まれ持っての要素が大きいとしても、教育によって、その志を高め、バーの高さを上げることはできる。それがよりチャレンジングで満足度の高いキャリアにつながる。これも強制ではない。チャンスを与えるのである。

現在、文部科学省が教育、厚生労働省が雇用、という縦割り行政になっている。国民に一貫した教育・キャリアサービスを提供するため、「国民の満足度の高い仕事人生」という視点からいずれかに統合し、まずは能力と動機の両面から、国家レベルのキャリア政策の基本法を定めるべきである。

あとがき

†他の国のモデルになれ

今年の正月、東京・築地の初荷を見に行った。実家の家業がマグロの仲卸業なので、親父に付いていった。メバチ鮪のセリ場では、若い衆が次々と「おめでとうございます！」と親父に頭を下げ、挨拶する。40年の大ベテランだから、セリの買い人という職人集団の長老に近い立場であり、リスペクトも受ける。

こういう世界は、どれだけ残っているのだろうか——。威勢のよいセリ人の掛け声を聞き、セリ台に立って指で合図して競り落とす昔ながらの風景を見ながら、歴史遺産でも見ている感覚に陥った。隣では、ヨーロッパ人らしき観光客が、モノ珍しそうに見入っていた。日本人の私から見ても、そこには戦後の、昭和の日本の風景があった。

だが、商社が船ごと買って寿司のチェーン店に流すような市場外取引が増え、仲卸業は中抜きされつつある。90年代にウチが2億円弱で買った場内市場の1店舗あたりの権利が、今や500万円の価値しかないという。「場内市場のうちの3分の2の店は赤字」というのが親父の見立てだ。市場全体が構造不況である。

経済は効率を求める。地方の商店街がさびれイオンやイトーヨーカドーに置き換わっていくのと同様、築地市場の店も、巨大な流通商社に置き換わっていく。「規模の経済」が働くので、小さい商店主が乱立する「オーナーシップ社会」は崩れ、会社勤めの「サラリーマン社会」へと、どんどん移行していく。この流れは止めようがない。

しかも、小さな町工場の仕事が中国の工場にとって代わられるように、これがグローバル規模で進んでゆく。そうなると、子が親の職業を継ぎたくても、もはや環境が許さない。「変わらなくていいから、この歳でもやっていけてるんだ」と親父は言う。幸せな職業人生だった。40年も職場環境が変わらなかった。だが、その原因の多くは、「戦後」の安定成長という時代背景にあった。既にその時代は終わり、「団塊ジュニア」以降の我々の世代は、各自でキャリアプランを考え、大資本中心の「変化の時代」を生き抜かねばならない。

本書は「ポスト戦後のキャリア論」と題して書き始めた。このように、「戦後」は名実ともに終わったにもかかわらず、必要とされるキャリア理論は不在のまま、と感じていたからだ。

そんななかで心に引っかかったのが、「歴史上初めて、人の寿命のほうが組織の寿命よりも長くなった」「もはや、30歳で就職した組織が、60歳になっても存続しているとは言い切れない」との問題を提起し、会社任せにしない人生のマネジメントを説いたドラッカーの言説だった。

「この問題に関しては、今日もっとも困難な試練に直面している先進国が、この五〇年間、社会としてもっともよく機能してきた日本である。日本は、働く人が動かないようにすることによって、歴史上類のない社会の成功を収めてきた。それが終身雇用制だった。終身雇用制のもとでは、個々の人をマネジメントするのは、明らかに組織のほうだった。個々の人は動かないことを前提としていた。働く人は、あくまでもマネジメントされる存在だった。私は、日本が、終身雇用制によって実現してきた社会的な安定、コミュニティ、調和を維持しつつ、かつ、知識労働と知識労働者に必要な移動の自由を実現することを願っている。これは、日本の社会とその調和のためだけではない。おそらくは、日本の解決が他の国のモデルとなるであろうからである」(『プロフェッショナルの条件』)

それならば、私が世界に先駆けて日本型のモデルを提案してやろう、解決策をデザインしてみよう、と思いながら書いたのが、本書である(よってドラッカーの引用が多くなった)。国は相変わらず「連合」を中心とした既得権にまみれ、何ひとつ解決に向けた動きがない。そんな中で、国民個人として実践できる内容とするべく、私なりの解決策を精いっぱい示したつもりだ。

執筆にあたっては、過去3年のキャリアセミナーで話した内容をベースに、参加者から寄せられた質疑に答えるものとなるよう努めた。セミナーは毎年、都内で実施し、タイムリーな内容となっているので、本書を読んで興味を持たれたかたは是非ご参加いただきたい（弊社サイトのメルマガ『他のメディアへの配信／MyNewsJapanからのお知らせ』に登録すると、お知らせが届く）。

多くの若者が、自分らしく、やりたい仕事で能力を発揮し、活き活きと働いている社会は、満足度の高い、よい社会だ。本書が日本の若者にとって、できれば20代前半までに、遅くとも30代前半までに、一度は手にとって読むような「キャリアの教科書」として認識されるようになることが、私の喜びである。私は今後も、専門とするホワイトカラーのキャリアをテーマに取材を続け、経営するニュースサイト上で記事を発表していくなかで、よりよい解決策を提示していくつもりなので、サイトのほうもご覧いただきたい。また、取材にご協力いただけるかたがいたら、是非ご連絡いただきたい（masa@mynewsjapan.com）。

最後に、これまで取材に応じていただいた若手ビジネスパーソンの方々に、厚く御礼を申し上げる。

２０１０年8月　著者　渡邉正裕

※本稿は一部有料のニュースサイトMy News Japan（http://www.mynewsjapan.com）の人気企画「企業ミシュラン」で同時連載中の記事を書籍化した。

ちくま新書
869

35歳《さい》までに読《よ》むキャリア《しごとえらび》の教科書《きょうかしょ》
——就《しゅう》・転職《てんしょく》の絶対原則《ぜったいげんそく》を知《し》る

二〇一〇年一〇月一〇日　第一刷発行

著　者　渡邉正裕（わたなべ・まさひろ）
発行者　菊池明郎
発行所　株式会社　筑摩書房
東京都台東区蔵前二‐五‐三　郵便番号一一一‐八七五五
振替〇〇一六〇‐八‐四一二三
装幀者　間村俊一
印刷・製本　三松堂印刷　株式会社
乱丁・落丁本の場合は、左記宛にご送付下さい。
送料小社負担でお取り替えいたします。
ご注文・お問い合わせも左記へお願いいたします。
〒三三一‐八五〇七　さいたま市北区櫛引町二‐六〇四
筑摩書房サービスセンター
電話〇四八‐六五一‐〇〇五三

ISBN978-4-480-06572-8 C0295

766
現代語訳 学問のすすめ
福澤諭吉
齋藤孝訳
諭吉がすすめる「学問」とは？ 世のために動くことで自分自身も充実する生き方を示し、激動の明治時代を導いた大ベストセラーから、今すべきことが見えてくる。

827
現代語訳 論語と算盤
渋沢栄一
守屋淳訳
資本主義の本質を見抜き、日本実業界の礎となった渋沢栄一。経営・労働・人材育成など、利潤と道徳を調和させる経営哲学には、今なすべき指針がつまっている。

861
現代語訳 武士道
新渡戸稲造
山本博文訳／解説
日本人の精神の根底をなした武士道。その思想的な源泉はどこにあり、いかにして普遍性を獲得しえたのか？ 世界的反響をよんだ名著が、清新な訳と解説でいま甦る。

831
現代の金融入門【新版】
池尾和人
情報とは何か。信用はいかに創り出されるのか。金融の本質に鋭く切り込みつつ、平明かつ簡潔に解説した定評ある入門書。金融危機の経験を総括した全面改訂版。

785
経済学の名著30
松原隆一郎
スミス、マルクスから、ケインズ、ハイエクを経てセンまで。各時代の危機に対峙することで生まれた古典には混沌とする経済の今を捉えるためのヒントが満ちている！

825
ナビゲート！ 日本経済
脇田成
日本経済の動き方には特性がある。それをよく知れば、予想外のショックにも対応できる！ 大局的な視点から日本経済の過去と未来を整理する、信頼できるナビゲーター。

822
マーケティングを学ぶ
石井淳蔵
市場が成熟化した現代、生活者との関係をどうデザインするかが企業にとって大きな課題となる。著者はここを起点にこれからのマーケティング像を明快に提示する。

ちくま新書

582
ウェブ進化論
——本当の大変化はこれから始まる
梅田望夫
グーグルが象徴する技術革新とブログ人口の急増により、知の再編と経済の劇的な転換が始まった。知らないではすまされない、コストゼロが生む脅威の世界の全体像。

862
ウェブで学ぶ
——オープンエデュケーションと知の革命
梅田望夫
飯吉透
ウェブ進化の最良の部分を生かしたオープンエデュケーション。アメリカ発で全世界に拡がる、そのムーブメントの核心をとらえ、教育の新たな可能性を提示する。

842
組織力
——宿す、紡ぐ、磨く、繋ぐ
高橋伸夫
経営の難局を打開するためには、〈組織力〉を宿し、紡ぎ、磨き、繋ぐことが必要だ。新入社員から役員まで、組織人なら知っておいて損はない組織論の世界。

857
日本経済のウソ
髙橋洋一
円高、デフレ、雇用崩壊——日本経済の沈下が止まらない。この不況の時代をどう見通すか？　大恐慌から現代まで、不況の原因を徹底検証し、日本経済の真実を明かす！

701
こんなに使える経済学
——肥満から出世まで
大竹文雄編
肥満もたばこ中毒も、出世も談合も、経済学的な思考を上手に用いれば、問題解決への道筋が見えてくる！　経済学のエッセンスが実感できる、まったく新しい入門書。

737
エコノミック恋愛術
山崎元
恋愛と経済はよく似ている。情報を集め、戦略を練り、判断を下す。この点がどちらも同じだからだ。「経済学のツボ」と「恋愛のコツ」を楽しく学べる極意書。

754
日本の賃金
——年功序列賃金と成果主義賃金のゆくえ
竹内裕
成果主義の導入に失敗したが旧来の年功制にも戻れず右往左往する日本企業。この混迷を打開し、高付加価値経営の実現に資する日本型の能力・成果主義を提言する。

ちくま新書

264 自分「プレゼン」術 藤原和博

第一印象で決まる人との出会い。印象に残る人と残らない人の違いはどこにあるのか？　他人に忘れさせない技術としてのプレゼンテーションのスタイルを提案する。

427 週末起業 藤井孝一

週末を利用すれば、会社に勤めながらローリスクで起業できる！　本書では「こんな時代」をたくましく生きる術を提案し、その魅力と具体的な事例を紹介する。

811 週末起業サバイバル 藤井孝一

「雇われる生き方」がリスクになった今、生活をまもるためには新たな戦略が必要だ。ウェブを利用した週末起業の方法を丁寧にときあかす。自衛せよ、サラリーマン！

581 会社の値段 森生明

会社を「正しく」売り買いすることは、健全な世の中を作るための最良のツールである。「M&A」から「株式投資」まで、新時代の教養をイチから丁寧に解説する。

628 ダメな議論――論理思考で見抜く 飯田泰之

国民的「常識」の中にも、根拠のない〝ダメ議論〟が紛れ込んでいる。そうした、人をその気にさせる怪しい議論をどう見抜くか。その方法を分かりやすく伝授する。

629 プロフェッショナル原論 波頭亮

複雑化するビジネス分野でプロフェッショナルの重要性は増す一方だが、倫理観を欠いた者も現れてきている。今こそその〝あるべき姿〟のとらえなおしが必要だ！

643 職場はなぜ壊れるのか――産業医が見た人間関係の病理 荒井千暁

いま職場では、心の病に悩む人が増えている。重いノルマ、理不尽な評価などにより、うつになり、仕事は混乱する。原因を探り、職場を立て直すための処方を考える。